AF576360

Le sens de la lutte contre l'africanisme eurocentriste

ISBN : 2-909885-09-7

ISBN : 2-7384-9935-X

Théophile OBENGA

Le sens de la lutte contre l'africanisme eurocentriste

Khepera 

BP 11 - 91192 Gif-sur-Yvette Cedex
FRANCE

L'Harmattan
7, rue de l'École-Polytechnique
75005 Paris
France

L'Harmattan Inc.
55, rue Saint-Jacques
Montréal (Qc) CANADA
H2Y 1K9

L'Harmattan Hongrie
Hargita u. 3
1026 Budapest
HONGRIE

L'Harmattan Italia
Via Bava, 37
10214 Torino
ITALIE

" L'essentiel pour un peuple c'est moins de pouvoir se glorifier d'un passé plus ou moins grandiose que de découvrir et de prendre conscience de la continuité de ce passé quel qu'il fût".

Cheikh Anta Diop, préface de l'éditon 1964 de *Nations nègres et Culture* (Paris, Présence Africaine, 1ère édition, 1954).

Au lecteur

Le ton est ici inhabituel car je réponds, directement, à des attaques, fort rageuses, des Africanistes eurocentristes et racistes réunis par François-Xavier Fauvelle-Aymar, Jean-Pierre Chrétien et Mme Claude-Hélène Perrot (*Afrocentrismes*, Paris, Karthala, 2000), contre tout chercheur Africain, Africain Américain, Brésilien, Antillais, travaillant dans le sens de l'historiographie de Cheikh Anta Diop, qui n'est pas lui-même épargné par la furie néo-africaniste patronnée par Jean Copans : *vim vi.*

Nous sommes accoutumés, désormais, aux agressions culturelles, aux mensonges pédagogiques et aux injures insistantes des africanistes. Nous aurions aimé ne pas réagir si un problème fondamental n'était pas en jeu : la conscience historique africaine, le futur culturel et politique africain.

Mais, à bien y regarder, nous assistons, en ce début du XXIe siècle, à l'effondrement de l'africanisme eurocentriste, tandis qu'émerge un immense mouvement planétaire de la conscience africaine : le Panafricanisme, l'Unité Africaine et la Renaissance Africaine sont plus que jamais à l'ordre du jour des activités intellectuelles et des raisons politiques des Africains, dans le monde. C'est la cause véritable de la haine viscérale de l'africanisme eurocentriste.

Nous luttons contre l'africanisme raciste, ancien ou moderne, colonial ou post-colonial, qui ne voit pas autre chose que la domination des peuples "exotiques", "primitifs", "sous-développés", aux élites peu crédibles au plan de l'historiographie mondiale. Plus la lutte devient serrée, plus l'africanisme eurocentriste est aux abois. Il est difficile de gagner en mentant constamment.

Nous abordons le problème comme il faut, car nous voulons le triomphe de la vérité sur le mensonge, de la fraternité humaine sur l'intimidation et l'intolérance africanistes.

I

Les objets africanistes. Leur insignifiance

F. - X. FAUVELLE - AYMAR
J. - P. CHRETIEN
C. - H. PERROT
J. COPANS

Même si, incidemment, un chercheur Africain écrivait par exemple : “La Bourgogne est un pays de bon vin”, les africanistes, spécialistes étrangers des civilisations africaines, le combattraient systématiquement : la Bourgogne n’est pas un “pays”, mais une “région”, et que “le bon vin” de Bourgogne n’est qu’une opinion, discutable parmi les savants, qui ne peuvent qu’être européens. La thèse du chercheur Africain ne serait acceptable que s’il écrivait, sous la tutelle africaniste, et contre toute évidence, ceci : “La Bourgogne n’est pas une région française de bon vin”.

Cette hargne des Africanistes défie tout bon sens. Elle est au comble lorsqu’il s’agit de “questions africaines”. Il est aisé de le constater avec l’ouvrage collectif édité par François-Xavier Fauvelle-Aymar, Jean-Pierre Chrétien et Claude-Hélène Perrot, *Afrocentrismes. L’histoire des Africains entre Egypte et Amérique*, Paris, Khartala, 2000, 19 auteurs, 402 pages. Collection : “Hommes et Sociétés” dirigée par Jean Copans.

Pauvre, à souhait, cet ouvrage l’est. Et d’une piètre

ironie. Les “critiques”, mal formulées, mal présentées, créent constamment la confusion. Les “dialectiques” méthodologiques sont d’un niveau historiographique médiocre. Les éditeurs ont sans doute voulu un style d’ensemble arrogant pour l’ouvrage. Mais voyons les choses d’un peu plus près, en étant vigilant au retour de l’Homme faible, en plein midi.

Le prétexte des éditeurs est le suivant : l’Afrique peut être étudiée rigoureusement, qu’on peut lui appliquer les méthodes et les questionnements en cours aujourd’hui dans les disciplines universitaires. Ces généreuses intentions égalitaires ne datent pas de Fauvelle-Aymar, de Chrétien et de Mme Perrot. Les africanistes donnent toujours l’impression qu’ils sont les meilleurs en méthode historique. Pendant plusieurs années, l’UNESCO a énormément investi pour appliquer ces méthodes à l’Afrique : colloques, documents, ouvrages de grande qualité existent, traduits en plusieurs langues. Incompétents, peu d’africanistes français historiens, anthropologues, linguistes, géographes, ont contribué au travail immense de l’UNESCO. Et l’Homme faible revient en plein midi...

Il s’agit d’attaquer Cheikh Anta Diop et ses disciples au nom d’un nouvel africanisme. En plein midi, l’Homme faible revient, armé. Restons éveillés !

La “question” de l’Egypte pharaonique est en fait centrale dans l’ouvrage de Fauvelle-Aymar *et alii*. Cheikh Anta Diop, son promoteur le plus en vue, est attaqué, et barré d’un coup de crayon :

Première Partie : “Un Nouvel Africanisme” ?. Cheikh Anta Diop et ses disciples, Martin Bernal, Molefi K. Asante, sont agressés à cause de cette question de la Vallée du Nil égypto-nubienne qui gêne les africanistes ;

Deuxième Partie : “Au Commencement était l’Egypte”. Les vieilles théories du métissage de l’Egypte pharaonique sont remises à jour par Mme Béatrix Midant-

Reynes. Quant à Pascal Vernus, il disserte sur le "chamito-sémitique", sous ce titre vague : "Situation de l'égyptien dans les langues du monde" (pp. 169-208). Les "langues du monde" ne se réduisent pas aux langues du "Proche-Orient ancien". Marc Etienne jongle sur l'*africanité* de l'Egypte pharaonique qui est loin, selon lui, d'impliquer sa *négritude* : "Afrocentristes et collections égyptiennes. Des goûts et une couleur", pp. 209-225.

Troisième Partie : "Projections dans le passé". L'idéologie africaniste apparaît à son comble avec les contributions fumeuses de Mary Lefkowitz (pp. 229-247), Jean-Pierre Chrétien (pp. 271-294) et Stephen Howe (pp. 295-316), respectivement sur le monde antique vu par les afrocentristes, les Bantu : des Indo-Européens noirs ?, l'Afrique comme sublime objet de l'idéologie.

Quatrième Partie : "Réseaux et métamorphoses". Comme il fallait s'y attendre, l'africanisme combat la Renaissance Africaine en Afrique du Sud.

L'un des trois éditeurs, Mme Claude-Hélène Perrot, n'a pas proposé de contribution. On a voulu des auteurs venus de plusieurs pays : Grande-Bretagne, France, U.S.A., Italie, Pays-Bas, Guadeloupe. Les Africains Américains emploient régulièrement le concept "*Afrocentricité*" et non celui d' "*Afrocentrisme*", forgé pour les besoins de la cause. Toujours à l'œuvre, l'idéologie africaniste. Les chercheurs Africains continentaux n'emploient presque jamais les termes "Afrocentricité", "Afrocentrisme", "Africana", etc. Cependant, les africanistes, heureux de leur trouvaille, englobent tous les Nègres de la Terre dans leurs "Afrocentrismes" au nom de leurs "Eurocentrismes". L'historiographie africaniste n'a pas changé depuis Hegel. Au demeurant, le point d'interrogation après le titre de la Première Partie le montre clairement : "Un Nouvel Africanisme ?". La réponse, avec les éditeurs eux-mêmes, est évidemment : non.

Les contributions les plus développées, donc

importantes, sont d'une extrême pauvreté culturelle à cause de l'idéologie africaniste. La confusion intellectuelle semble la règle choisie. L'ironie calomnieuse ne manque jamais dans les écrits de nos savants africanistes, éternels donneurs de leçons.

C'est le retour de l'Homme faible, profitant du soleil de midi. Oui, l'Homme faible revient. Vigilance !

II

La psychologie et la faiblesse scientifique du nouvel africanisme eurocentriste

F. - X. FAUVELLE-AYMAR
P. CARTLEDGE
C. WALKER
H. TOURNEUX
A. LAINÉ

Fauvelle-Aymar a un réel problème psychologique. Pour lui, Cheikh Anta Diop a une renommée incontestable, “mais renommée tardive” (p. 28) ; cette “célébrité à retardement” comporte des “ambiguïtés”. Que veut dire exactement cet africaniste bon teint ? Ceux qui ont côtoyé Cheikh Anta Diop de son vivant savent bien qu’il ne recherchait aucune renommée, aucune distinction, aucune promotion académique. Il ne travaillait que pour l’Afrique et les siens. Le sens humain et historique de son œuvre est aujourd’hui confirmé par toute la Jeunesse africaine. Les africanistes, eux, courent derrière les promotions, les renommées, les distinctions, les médailles et autres blasons. Fauvelle-Aymar a d’énormes difficultés psychologiques à comprendre la grande humilité de Cheikh Anta Diop. J’ai de la peine à en parler. C’est dommage que Fauvelle-Aymar puisse se comporter comme un ami ou un parent soucieux de la gloire posthume de Diop.

Fauvelle-Aymar doit avoir le sens exact des mots :

"africaniste" est d'usage inapproprié appliqué à un chercheur d'origine africaine. Sinon, on aboutit à des monstruosités lexicales du genre : "Cheikh Anta Diop, philosophe de l'histoire et africaniste", c'est-à-dire "afrocentriste-africaniste", puisque Cheikh Anta Diop est "afrocentriste". Il y aurait donc des "africanistes afrocentristes" et des "africanistes eurocentristes" (Fauvelle-Aymar et les siens). Un professeur d'anglais et de civilisation anglaise à l'Université de Londres, d'origine anglaise, n'est pas un "angliciste", mais "chercheur anglais". Fauvelle-Aymar est un esprit confus, à merveille. Il n'y a pas de "germaniste" parmi les savants allemands en Allemagne : il y a des historiens, des linguistes, des anthropologues, des sociologues, des philosophes allemands, et non "germanistes". Un professeur français, d'origine française, enseignant l'allemand et les civilisations allemandes est "germaniste" et non "allemand". Assez des myopies africanistes.

Il n'y a pas esprit plus confus que Fauvelle-Aymar : "Cheikh Anta Diop n'a pas fondé de nation africaine, mais il a fondé une mémoire pour toute l'Afrique" (p. 43). Il est à se demander si Fauvelle-Aymar comprend bien lui-même sa littérature. On sait comment la "nation africaine" a été fondée dans les années 1960. Ce fut du donné, du tout cuit. Par la suite, certains "pères fondateurs" ont monopolisé le pouvoir d'Etat, des décades. La fondation de la mémoire historique africaine par Cheikh Anta Diop est ce qui nous fonde véritablement, aujourd'hui : en Afrique, dans les Caraïbes et Antilles, en Amérique du Nord. Tant pis pour notre "critique" et "dialecticien" Fauvelle-Aymar, s'il tombe en carafe !

Paul Cartledge commence sa dissertation par un aveu intéressant : "Nous, Européens, sommes aussi habitués *à présent* aux subtilités et complexités de l'ethnicité, du sexe (*gender*) et du multiculturalisme, et surtout à leurs implications quant au contenu et à la transmission de l'enseignement supérieur" (P. Cartledge, "Martin Bernal et la fureur 'Black Athena' ", p. 47 de l'ouvrage ici en question. Les mots *à présent* sont soulignés par moi).

En clair, et à présent, c'est-à-dire désormais, dorénavant, la suprématie culturelle occidentale est ébranlée, longtemps après la chute des empires coloniaux. Les impasses ethnographiques et africanistes doivent donc être abandonnées. Les Africains, les Indiens, les Océaniens, bref les peuples jadis sauvages et primitifs ont fini par prendre en mains leurs propres destinées culturelles sans même exiger des réparations à l'impérialisme culturel occidental.

Le "nouvel africanisme" de Fauvelle-Aymar et C° n'est qu'une tactique de rattrapage : on s'est trompé longtemps, pardonnez-nous ; on promet de faire mieux, à présent. Le problème est que personne ne lit désormais la littérature africaniste en Afrique. Les cartons ethnographiques restent des cartons ethnographiques, même "rénovés" à la lumière du "nouvel africanisme". Que piège une fois de plus. Que ruse dialecticienne. Un manguier ne peut pas donner des noix de coco, naturellement. Un morceau de bois ne pourra jamais devenir un crocodile, même en restant des siècles dans la rivière.

Paul Cartledge, "professeur d'histoire grecque", sait que personne ne croit plus au "miracle grec". Martin Bernal a déconstruit cette idée absurde du "miracle grec", longtemps enseignée et diffusée dans le monde par l'idéologie de la suprématie culturelle occidentale ("orientalisme", "sinologie", "africanisme" et autres "nazismes" culturels). L'hellénisme devenu hellénomanie a des difficultés à accepter une telle déconstruction. C'est son affaire. Des savants grecs modernes eux-mêmes admettent volontiers les "influences orientales", notamment "égyptiennes" sur la Grèce ancienne. Jusqu'aux valeurs phonétiques, l'alphabet grec n'a rien d'hellène (voir David Diringer, *Writing*, Londres, Thames & Hudson, 1962, pp. 149 - 164).

Clarence Walker, de l'Université de Californie

(Davis, U.S.A.), peut faire douter de sa connaissance de Nietzsche avec son titre obscur : "Les *a posteriori* de Molefi K. Asante", pp. 65 - 77. Walker se réfère à Nietzsche, sans trop bien comprendre le philosophe allemand. En effet, Nietzsche ne parle pas d'une "histoire *a posteriori*", mais de la tentative de se donner *a posteriori* un passé, volontairement : le passé dont on voudrait, par opposition à celui qui est ou qui fut réellement. Walker confond tout. Mais il doit savoir qu'il n'est pas blâmable de vouloir se donner *a posteriori* un passé, c'est-à-dire une conscience historique bâtie par soi-même, en place et lieu des "descriptions" frustrantes faites par des "experts" acquis à l'exotisme culturel, même rénové. L'africanisme condamne le rejet de l'hégémonie culturelle occidentale par les Africains. Mais Benedetto Croce avait bien perçu cette problématique historiographique : "Toute histoire est histoire contemporaine". C'est-à-dire le passé n'est véritablement interrogé que par rapport aux préoccupations actuelles. Il n'y a pas de passé pour le passé. La condition humaine exige la connaissance du passé, dans le présent, en vue du futur. L'africanisme, nouveau ou ancien, n'a jamais proposé un avenir, un futur culturel aux Africains.

Superbe, Henry Tourneux n'oriente pas bien, comme d'habitude, son tarin lorsqu'il se pose à lui-même cette question : "Qu'est-ce que la linguistique historique africaine" ?

Je réponds, le plus clairement possible : la linguistique historique africaine est l'application au fait linguistique africain de la méthode scientifique universelle de la linguistique historique qui compare et reconstruit. On fonde ainsi une linguistique générale en Afrique, sans méconnaître les descriptions synchroniques habituelles.

Henry Tourneux est d'une faiblesse argumentaire facile à détruire. Il ne comprend pas bien ce qu'il écrit lui-même :

– "T. Obenga s'est fait une spécialité de ranimer le

vieux fantôme chamitique (encore appelé "hamitique"), accusant les linguistes qui suivent en gros la classification de J.H. Greenberg d'être les suppôts de cette théorie. Il n'a manifestement pas bien compris que Greenberg l'a justement radiée du domaine scientifique depuis près d'un demi-siècle" (p. 84).

a) - il s'agit bien d'un "fantôme" linguistique qu'il faut détruire, parce que non réel : le *Groupe linguistique d'études chamito-sémitiques*, fondé à Paris en 1931, existe encore de nos jours, usant et abusant du mot "chamitique", "hamitique", "chamito". Nous sommes nombreux, les spécialistes, acquis à la réanimation du "chamitique". Mais, voilà, le mot est vide de toute réalité linguistique : je le traque pour cela ;

b) - les Français parlent de "*chamito-sémitique*", les Américains de "*afro-asiatique*" et les Russes "*afrasian*", pour signifier exactement le même mensonge scientifique: la famille, *jamais reconstruite*, comprenant le sémitique, l'égyptien (ancien et copte), le berbère, le couchitique, le tchadique. Je dis que le sémitique, le berbère et l'égyptien ne sont pas génétiquement apparentés. Que les spécialistes du niveau de Tourneux en fassent donc la démonstration scientifique. Je garantis que l'échec est au bout de l'effort déployé, en vain.

– "Les tenants de la thèse "chamitique" / hamitique / afro-asiatique" seraient mus par une idéologie raciste" (p. 85). C'est exact. Et c'est mon premier accord absolu avec Henry Tourneux.

– "Leur seul tort (celui des tenants de l'afro-asiatique ou chamito-sémitique ou encore afrasian) étant de faire reposer cette *pseudo famille linguistique* sur des critères typologiques, et non sur des critères à la fois morphologiques et lexicaux". (p. 85). Je souligne le texte limpide, pour une fois, de Tourneux.

C'est mon deuxième accord parfait avec Tourneux : l'afro-asiatique de Greenberg, aujourd'hui, le chamito-sémitique de Cohen, hier, tout cela n'est que de la foutaise, y compris l'afrasian de Diakonoff. De l'aveu même de Marcel Cohen, le linguiste Antoine Meillet l'avait dissuadé de travailler, en pure perte de temps et d'énergie, sur le "chamito-sémitique", véritable escroquerie scientifique.

Tous ceux qui ont travaillé sur le "chamito-sémitique" ou l' "afro-asiatique" ne comptent pas aujourd'hui : Th. Benfey en 1844, A. Erman en 1892, E. Zyhlarz en 1933, W.F. Albright en 1923, F.G. Calice en 1931, etc. Ce fut de la simple et pure spéculation.

Christopher Ehret, de l'Université de Los Angeles, a changé d'avis depuis notre débat contradictoire à Barcelone il y a quelques années. Il n'a jamais considéré le berbère comme une branche de la famille afro-asiatique ou chamito-sémitique. Il ne croit plus à la réalité linguistique de l'afro-asiatique ou chamito-sémitique. J'admire son courage intellectuel. Mme Béatrix Midant-Reynes qui avait assisté à ce débat reste aujourd'hui bien coite. Je respecte son silence dû à son idéologie raciste.

Or le "nouvel africanisme" de Fauvelle-Aymar et de ses amis est incapable de la moindre mutation dans le sens de l'objectivité et du courage. Le réflexe conditionné de l'hégémonie culturelle coloniale doit être abandonné. C'est difficile, je le reconnais, pour les spécialistes de pays jadis colonisateurs et colonialistes. Mais je suis optimiste. Les choses changeront.

Ce qui est pénible à dire, c'est que Tourneux ment constamment lorsqu'il me critique :

– "En fait, T. Obenga reprend quasiment telle quelle la disposition des phylums de Greenberg, à ceci près qu'il sort l'égyptien, le couchitique et le tchadique de l'afro-asiatique pour les classer dans son négro-égyptien" (p. 84). Tourneux ne saisit pas du tout la grande différence entre le professeur Greenberg et moi : le linguiste américain ne reconstruit pas ; il classifie sans reconstructions ; c'est de la typologie, et Greenberg le reconnaît lui-même. Moi, je classifie après avoir reconstruit : c'est de la classification linguistique historique, génétique ;

– l'afro-asiatique ou chamito-sémitique n'est pas un ancêtre commun aux langues de la comparaison, tandis que le négro-égyptien l'est : Tourneux perçoit-il clairement la différence entre les deux démarches linguistiques ? Je ne crois pas, puisqu'il ne cesse de calomnier ;

– à propos de la comparaison lexicale, Tourneux tourne dans le vide : "Il est absolument clair qu'Obenga sollicite le sens de ce mot" (p. 90). Il faut bien le faire dans le cadre d'un champ sémantique précis, restreint, le mot étant polysémique par nature. Il est clair qu'il faut absolument le faire, sans rien imposer ;

– le mot négro-égyptien *sem* qu'examine Tourneux (pp. 90-91) est précisément riche, au plan lexicologique, sémantique, culturel et anthropologique ; le vocabulaire n'est pas que le lexique ; il est aussi culture, société, psychologie ;

– les faits restent valables, exclus les emprunts :

égyptien	:	*sem* "prêtre", vêtu d'une peau de léopard, chargé de la toilette divine
bambara	:	*sema* "chef de culte"
malinke	:	*seme* "chef de culte"
kikongo	:	*sema* "sanctifier, honorer, bénir"
teke	:	*seme* "prier", "sanctifier", même chose en mbochi
fang	:	*seme* "adorer, honorer" ;

– à propos de l'égyptien *fdw* "quatre", Tourneux croit gagner : "En effet, il (T. Obenga) omet de dire que ces 42 attestations valent pour une seule, toutes étant tirées *exclusivement* de la famille tchadique. Pour que sa démonstration soit probante, il aurait fallu que *fdw* égyptien ait des correspondances non seulement en tchadique, mais aussi en nilo-saharien, en couchitique, en omotique, en niger-kordofanien, ce qui n'est pas le cas" (p. 96). C'est bien dommage, Tourneux ne dit pas la vérité :

égyptien	: *fdw* "quatre"
copte	: *ftoou, ftau, ftoe, fto, bto, bta, fteu, fte*
tchadique	: *fad, fwot, fudo, fudu, mfad, pudu*, etc. : 42 attestations
burji	: *foola, foole* ; le burji est couchitique : je le donne après le tchadique, mais Tourneux voit sans voir ; c'est son choix, et pourtant il cite la page 324 de mon livre où se trouve précisément le burji. Tourneux est pétri de préjugés. Il pétouille avec ses propres partis pris, persuasif africaniste, mais mauvais persifleur scientifique.

Ma démonstration, selon les règles, reste probante car "un rapprochement, même limité à deux dialectes, peut passer pour sûr dans certains cas particuliers" (Antoine Meillet, *Introduction à l'étude comparative des langues indo-européennes*, Alabama, University of Alabama Press, 1978, p. 380).

Il existe des mots caractéristiques qui n'ont pas de correspondances en dehors du grec et de l'indo-iranien par exemple, mais ils ne sont pas moins "indo-européens". Tous les comparatistes sérieux le savent.

Au lieu d'être arrogants et de distiller le mensonge, les africanistes devraient soigner leur formation en linguistique historique et comparative. De bons manuels existent, même en français. Le procès d'intention est le péché mignon des africanistes.

– "Par ailleurs, dans sa volonté de couper tout lien de parenté possible entre l'égyptien et le sémitique, Obenga dissimule au lecteur des faits très connus de tous les comparatistes. C'est le cas de l'égyptien *mt, mwt* "mourir", dont on connaît depuis longtemps la parenté avec le sémitique *mwt*" (p. 94). Justement, je ne rapproche pas ce qui est incertain, même "connu" depuis le travail approximatif de Marcel Cohen, cité par Tourneux :

a) - notre africaniste tire-au-flanc se trompe : il n'y a pas de parenté "possible" d'ordre génétique entre l'égyptien et le sémitique. Qu'il le prouve, le savant africaniste, si jamais il est compétent en égyptien et en sémitique ;

b) - l'égyptien *mt, mwt* "mourir" et le sémitique *mwt* offrent une même apparence, mais les structures morphologiques sont différentes, ainsi que Tourneux devrait le savoir, puisque les faits sont connus de tous les comparatistes et africanistes ;

c) - il faut une *série lexicale* identique, sur quelques autres lexèmes, pour exclure le hasard, la rencontre fortuite, et expliquer les correspondances phonétiques ;

d) - la réalité linguistique est négro-égyptienne, n'en déplaise à Tourneux, si compétent : égyptien *mt, mwt* "mourir", copte *moŭ, mooŭt, maŭt,* "mourir", nuer (Nilo-Saharien) *mot* "sacrifice pour mort", rendille (Couchitique) *am'ût* "mourir", uzam (Tchadique) *mut*, wolof (Nigero-Kordofanien) *med* "crever comme un animal qui meurt de mort naturelle", gourmantché *ku-ma* "mort". Tourneux, soucieux de mon ignorance des faits "afroasiatiques" ou "chamito-sémitiques", est-il lui-même au courant des faits, réels, du négro-égyptien ?

Tourneux, sans doute somnolent, écrit : "En réalité, on ne trouve *aucune trace* de reconstruction dans tout le livre" (p. 95). Du mensonge, cru. Des pages de reconstruction abondent dans l'ouvrage incriminé, pp. 211-245, mais Tourneux ne veut rien savoir, par préjugé africaniste et par aveuglement idéologique. Je conseillerais au professeur Tourneux de lire crayon en main, afin d'être moins inattentif lorsqu'il critique des ouvrages techniques.

L'historienne de l'anthropologie physique Agnès Lainé ne se réfère nullement à Yves Coppens en matière de paléontologie humaine. Coppens, professeur au Collège de France, est l'une des grandes autorités internationales dans le domaine des origines paléontologiques de l'homme moderne. Querelles d'école ? Jalousies africanistes, comme c'est l'habitude ? Ignorance pure et simple ? En tout état de cause, la contribution d'Agnès Lainé n'éclaire aucun point particulier de l'anthropologie générale et humaine. Elle voit, elle aussi, de la perversion afrocentriste dans l'étude technique des origines de l'homme moderne. Son titre ne veut absolument rien dire : "Eve Africaine ? De l'origine des races au racisme de l'origine", pp. 103-123. Du charabia africaniste.

III

L'Égypte pharaonique : africaine et nègre, peur bleue des Africanistes

W. VAN BINSBERGEN
B. MIDANT-REYNES
P. VERNUS
M. ETIENNE

De toutes les contributions à l'ouvrage collectif de Fauvelle-Aymar *et alii*, c'est l'article de Wim van Binsbergen qui est seul objectif : "Dans le troisième millénaire avec 'Black Athena' " ?, pp. 127 - 150. L'ouvrage de Bernal a mis à plat l'eurocentrisme et l'hellénomanie. C'est l'un des grands défis intellectuels de notre temps. Notre futur global doit en tenir compte, et élargir en questionnements le travail exceptionnel inauguré par Bernal. Je partage l'espoir de van Binsbergen, esprit sagace et ouvert à la variété culturelle humaine, sans réflexe colonisateur, sans mépris africaniste, sans racisme eurocentriste.

Franchement, Béatrix Midant-Reynes bricole avec son article "L'Egypte prédynastique : terre de métissages", pp. 151 - 168. Le métissage de quoi avec quoi ? Des "races" ? Lesquelles ? Des "affinités anthropologiques" ? Lesquelles ? Midant-Reynes répond : "Les études récentes menées à Adaïma sur environ 200 sujets nagadiens ont montré une population plus proche des séries de références africaines qu'européennes" (p. 164). Où est alors le métissage ? Ce concept de "métissage" est ici fort ambigu.

Les populations du Sahara, de la vallée égypto-nubienne et des rives de la mer Rouge sont des populations africaines, natives du continent ; elles ont subi des "invasions orientales élamites" : c'est du rêve archéologique, sans plus. Comment les populations de l'Elam ont-elles pu, dans ces temps lointains, envahir l'Egypte prédynastique et bâtir la civilisation pharaonique ? Il n'y a rien de tel dans l'ouvrage érudit d'Elisabeth Carter et Matthew W. Stolper, *Elam : Surveys of Political History and Archaeology*, Berkeley, University of California Press, 1984.

L'Egypte pharaonique est de bout en bout africaine, de ses balbutiements à sa fin : "Dès ses origines, la civilisation égyptienne est égyptienne dans son berceau, car elle reflète un génie qui lui est propre" (p. 165). Je suis d'accord avec Midant-Reynes sur cette façon correcte de considérer l'Egypte pharaonique. Pas d' "apports syriens", de "traits élamites", d' "influences orientales", de "métissages" culturels.

La contribution de Pascal Vernus est très intéressante à analyser : "Situation de l'égyptien dans les langues du monde", pp. 169-208.

En fait de "langues du monde", Vernus s'en tient strictement au domaine du "chamito-sémitique" ou "afroasiatique". Pourquoi alors un titre pompeux qui ne correspond pas à l'objet traité ?

Vernus ne comprend pas bien la signification du mot *isoglosse* en linguistique. Pour lui, les isoglosses sont des faits de langue : "isoglosses lexicales", c'est-à-dire des faits lexicaux, "isoglosses grammaticales", c'est-à-dire des faits grammaticaux, morphologiques, syntaxicaux (que Vernus se garde bien de traiter). Il est le seul linguiste au monde à employer le mot *isoglosse* dans ce sens qui est évidemment faux. Quel esprit singulier !

Le mot *isoglosse* est un terme technique propre à la linguistique géographique, à la dialectologie :

a) - "Each feature of linguistic difference will tend to have its own boundary, which is technically known as an *isogloss*" (E. H. Sturtevant, *An Introduction to Linguistic Science*, New Haven, Yale University Press, 1947, 1956, 1960, p. 33, § 50) ;

b) - "*Isogloss* is a term used for a line drawn from location to location along the outer limits of characteristic features". (Winfred P. Lehmann, *Historical Linguistics : an Introduction*, New York, Holt, Rinehart & Winston, 1962, p. 118).

J'espère que Pascal Vernus, directeur d'études à l'Ecole pratique des hautes études, IVe section (Paris), auteur de nombreux travaux en philologie et en linguistique, connaît désormais le sens technique, scientifique, linguistique du mot qu'il adore : *isoglosse*, c'est-à-dire une ligne de frontière géographique délimitant l'aire dans laquelle un fait linguistique donné apparaît.

Qu'est-ce qu'une communauté linguistique de nature "aérale" ? (p. 172 et sv. de la contribution de Vernus). Les Anglais (et Américains) parlent de "aerial photography", "aerial roots", quand la langue française normative dit "photographie aérienne", "racines aériennes" : *aréal*, féminin *aréale* ne semble pas être vraiment courant. Si Vernus est un savant pompeux, c'est pour cacher la faiblesse notoire de ses prétendues comparaisons linguistiques :

a) - faire la liste, purement et simplement, de "certains" traits grammaticaux qui ont d' "indiscutables parallèles" entre l'égyptien et le sémitique, et éviter de donner la moindre confirmation grammaticale, c'est un travail pauvre qui ne démontre rien : le raisonnement linguistique est évité. C'est-à-dire que la ou les listes sont insuffisantes en elles-mêmes : il faut expliquer les procès morpho-syntaxiques car le but est de parvenir à une grammaire comparée, seul critère de la parenté, et non les listes pour les listes ;

b) - faire la liste, purement et simplement, de prétendues "isoglosses lexicales", sans la moindre analyse linguistique, est un travail qui n'a aucune pertinence scientifique, car le but de la comparaison, à ce niveau, est d'établir des correspondances phonétiques régulières ("*sound laws*") entre les lexèmes comparés et de tenter des reconstructions communes pour prouver la parenté d'ordre génétique : encore une fois, Pascal Vernus montre qu'il ne maîtrise pas encore tout à fait la méthode, rigoureuse, de la linguistique historique. Inutile, dans ce cas, de faire la leçon aux autres, par des allusions malveillantes (p. 196 de la contribution de Vernus).

Voici, d'après Pascal Vernus, la liste des "rapprochements qu'on peut raisonnablement établir à partir du lexique attesté" et dont on n'a aucune raison de penser, dit-il, qu'ils ont été empruntés :

- *Corps, physiologie, sensation* : égyptien *jwn*, *íwn* "couleur", arabe *lawn* : pour les besoins de la cause, on postule que le signe égyptien noterait *à la fois* un aleph prothétique et la liquide qui suit. J'ai discuté, au tableau noir, de ce faux problème avec le professeur Carleton Hodge, homme humble et respectable : à bout d'arguments, il conclua, publiquement, "c'est comme ça" ! Justement, ce n'est guère "comme ça". Et Vernus aurait dû faire attention. Le copte, qui est de l'égyptien, lui aussi attesté, rejette formellement une telle "très astucieuse observation", non explicitée :

- **égyptien** *íí*	"venir"
- **copte** *ĕi, ĕia, ĕiĕ, í*	"venir", et non *el, eial, eiel, il ou lei, leia, leie, li*
- **égyptien** *ínm*	"peau" du corps humain
- **copte** *anom*	"peau", et non *lanom*

- **égyptien** *ínr* “pierre”

- **copte** *ōni, ōnĕ* “pierre”, et non *lōne*, etc.

Le copte s’oppose strictement à la demande non raisonnée de Vernus, qui fait alors du très mauvais travail “scientifique”.

Tout autant grave est le manque total des séries lexicales dans la documentation de Vernus. Les séries lexicales, faut-il le rappeler à son esprit, permettent d’éviter les convergences hasardeuses, les rencontres fortuites, etc. Elles permettent, de ce fait, de confirmer les thématiques lexicales sollicitées. Le travail de Pascal Vernus ici en cause est globalement irrecevable à cause de cette absence totale de séries lexicales. Son collaborateur linguiste Henry Tourneux, peu au courant lui-même de la linguistique historique, ne l’a pas beaucoup secouru. Il faut des séries lexicales : c’est obligatoire. Dans l’impossibilité d’établir des listes de séries lexicales entre l’égyptien et le sémitique, alors nos “savants” africanistes croient s’en sortir à moindre frais, en proposant juste des “isoglosses lexicales”, c’est-à-dire de simples listes de lexèmes non sériés. Le profane, médusé, peut facilement adhérer à la non explication linguistique : on raisonne sur des séries et non sur un seul fait dans des mots listés. C’est-à-dire que chaque lexème listé doit avoir sa propre série lexicale.

Je voudrais être encore plus explicite. Vernus rapproche l’égyptien ^{c}*š3* “être nombreux”, “nombreux”, du sémitique ^{c}*šr* “dix”. Voici les défauts, indiscutables, de cette manière de procéder :

a) - “nombreux” et “dix” n’ont pas du tout le même contenu sémantique, car je peux obtenir “nombreux” avec “cinq” ou “mille” : défaut d’équation sémantique ;

b) - l’analyse phonétique demande d’expliquer le - *r*

final sémitique, absent ou égyptien ; jamais l'égyptien *asha*, copte *ashai*, ne montre de *r* en position finale, dans la graphie, dans la translitération : défaut d'équation phonétique, c'est-à-dire que les deux mots égyptien et sémitique ne renvoient pas à un même ancêtre prédialectal ;

c) - aucune série lexicale ne vient confirmer le rapprochement "indiscutable" entre l'égyptien *asha, ashai* et le sémitique *asher* : il faut précisément discuter, c'est-à-dire analyser, expliquer, contrôler, vérifier (de la simple méthode cartésienne !) : défaut de série lexicale permettant d'exclure le hasard, la convergence fortuite.

Il est évident que Pascal Vernus ignore du tout au tout la méthode de la linguistique comparative et historique. Cela est grave pour un homme qui pontifie sans cesse sur des questions de méthodologie scientifique.

Comment Vernus analyse-t-il le rapprochement de l'égyptien *sa* "dos" avec l'arabe *sarāt* (p. 187 de son article) ? Le mot égyptien est un paradigme à une seule consonne *s-*. Et l'arabe *sarāt* ? Apparemment deux morphologies très différentes. Où la série lexicale autorisant un tel rapprochement ? Il faut être précis en linguistique comparée, et non tenir son rêve pour de la réalité.

Comment Vernus explique-t-il l'identité qu'il entrevoit entre l'égyptien *snb* "être en bonne santé", et le sémitique (non précisé) *šlm* / *slm* (pp. 187 - 188 de son article) ? Est-ce la même structure : *s-n-b* et *š-l-m* / *s-l-m* ?

Comment Vernus analyse-t-il la parenté lexicale entre l'égyptien *čb* "sandale, semelle" (en fait *ṯbw, ṯbwt, tjebou, tjebout*), et le sémitique (commun) *kp* "main" ? Entre "plante du pied", "sandale", "semelle" et "main", je ne saisis pas la correspondance sémantique. Quel est le miracle de Vernus pour faire coïncider sémantiquement les deux signes, "sandale" et "main" ? Si la forme que donne Vernus est exacte, *kp* "main" en sémitique, on ne voit pas comment *kp* et *ṯbw* peuvent renvoyer à une même forme commune prédialectale qui serait précisément le "chamito-sémitique" ou l' "afroasiatique" ?

Comment, parlant du "corps", Vernus n'aligne-t-il pas des lexèmes hérités comme ceux-ci :

1. Tête (et non "crâne")

accadien :	*rēšu* (*rēshu*)	**égyptien** : *tp*
hébreu :	*rōš* (*rōsh*)	**copte** : *apĕ, afĕ*
syriaque :	*rēšā* (*rēshā*)	
arabe :	*ra's*	
éthiopien :	*rə's*	

sémitique commun : + *ra'š* (*ra'sh*)

Il n'y a rien de commun entre les signes sémitiques et égyptiens : c'est immédiatement perceptible. Pour moi, ces signes linguistiques montrent deux traditions différentes. Pour Vernus, il s'agit d'une même tradition. Qu'il le prouve donc, techniquement, s'il en est capable. En fait, il n'y a pas de technique miracle pour prouver la parenté historique entre les signes ici examinés. A moins de rabibocher l'ignorance avec la fantaisie, comme le font Tourneux et Vernus, deux copains radieux dans leurs impasses comparatives et africanistes.

2. - Oreille

accadien :	*uzun*	**égyptien** : *msḏr*
assyrien :	*uzan*	
hébreu :	*'ozen*	
arabe :	*'uḏn*	
éthiopien :	*'əzn*, pl. *'əzan*	

Où est la parenté du sémitique et de l'égyptien ? Ces deux formes peuvent-elles appartenir à une même famille linguistique ? Par quel raisonnement linguistique ? Vernus, ricaneur lorsqu'il s'agit des travaux des Africains, peut-il prouver que *uzun* et *msd̠r* dérivent d'un ancêtre commun ?

3. - Bouche

accadien :	*pū*	**égyptien** : *r, r3*
ugaritique :	*p*	**copte** : *ro, lĕ, la*
phénicien :	*p*	
hébreu :	*pē*	
arabe (du Nord) :	*fū*	
éthiopien :	*'af*	

Sur ces lexèmes manifestement hérités, peut-on, scientifiquement, dire qu'ils dérivent d'un ancêtre commun prédialectal ? Vernus le prétend, fièrement. Qu'il expose donc sa méthodologie à la communauté scientifique internationale qui jugera, mieux que ne peut le faire un Nègre d'Afrique.

4. - Lèvres

arabe : *šf.t* "lèvre" **égyptien** : *sp.ty* "lèvres"

Vernus (p. 187) se contente de ce simple alignement. Peut-il répondre à ces deux questions pour justifier son contentement scientifique : **(a)** dans quelles conditions la spirante apico-alvéolaire sourde / *s* / égyptienne, en position initiale, correspond-elle à la chuintante / *š, sh* / arabe, dans la même position ? ; **(b)** dans quelles conditions phonétiques l'occlusive bilabiale sonore / *p* /) égyptienne correspond-elle à l'aspirante / *f* / arabe ?, dans la position des lexèmes ci-dessus ? Vernus n'explique absolument rien. Son travail n'offre aucun intérêt scientifique. C'est la vérité, seule, qui me pousse à le dire, en toute objectivité. Aucune animosité psychologique de ma part. Et pourquoi, au juste ?

5. - Dent

arabe : *sinn*
éthiopien : *sən*

égyptien : *íbḥ*, *nḏḥt* (*nḥḏt*), *ṯst*

Le sens de *íbḥ* est aussi “ivoire”, comme celui de *nḏḥt* (Ancien Empire : *nḥḏt*). Ce dernier signe veut dire également “molaire”. Le mot pour “dent”, spécifiquement, est donc : *ṯst*. Quelle parenté avec les formes sémitiques ? Quel est le point de vue “scientifique” de Pascal Vernus ? C’est-à-dire son analyse de faits lexicaux au niveau du comparatisme phonétique et, puis, qu’il ne se prive pas de la condition sérielle, telle que requise par une bonne méthodologie.

6. - Sang

sémitique commun : *dām*, pl. *dāmīm*

égyptien : *snf*, *snfw*
copte : *snof*

L’hébreu de la période du Second Temple, c’est-à-dire après l’Exil, emploie souvent le pluriel pour le singulier : *dāmīm* “sang” (et non “sangs”) pour *dām* : voir Angel Saenz-Badillos, *A History of the Hebrew Language*, Cambridge University Press, 1993, 1996, 1997, 1998, pp. 117-118.

Comment Vernus, philologue et linguiste, argumente-t-il pour faire dériver *snf* et *dām* d’une seule et même source linguistique, le “chamito-sémitique” ou l’ “afroasiatique” ? Qu’il comprenne donc bien ceci : le “chamito-sémitique” n’est pas la liste de ses “isoglosses” lexicales et grammaticales, mais les formes tentativement reconstruites à partir des signes hérités comparés, c’est-à-dire expliqués. Au demeurant, nous l’avons déjà fait observer, Vernus emploie le mot “isoglosse” dans un contre-sens linguistique monstrueux.

7. - Langue (organe)

accadien : *lišānu* (*lishānu*)
hébreu : *lāšōn* (*lāshōn*)
arabe : *lisān*

égyptien : *ns*
copte : *las, lĕs*

Où est le “chamito-sémitique” ou l’ “afroasiatique” quand le sémitique présente *l-sh / s-n*, l’égyptien *n / l-s* et le berbère *alis, īls* “langue” ? Dans quelle condition la chuitante sémitique interconsonantique correspond-elle à la spirante égyptienne et berbère qui est en position finale? Quelle série lexicale établir concrètement pour éliminer le hasard entre l’égyptien et le berbère ? Qu’en pense Vernus ?

Pour le vocabulaire de base du “*Corps, physiologie, sensation*”, Vernus fait appel à des mots dont il ne se doute pas qu’ils ne sont que de simples onomatopées : “criailler, caqueter, crier, mugir, rugir, notion de produire un bruit, notion de bruit indistinct” (p. 187), etc. Fort heureusement, ce n’est que du vacarme !

Pour le vocabulaire des “*Activités économiques*” (p. 188), Vernus retient des mots qui voyagent beaucoup : “houe”, “arc”, “filet”, etc. Le mot égyptien pour “mille” devient synonyme de “être nombreux” en arabe à cause de l’illusion des formes qui paraissent identiques : *ḥfn* (égyptien) et *ḥfl* (arabe). Vernus est totalement acquis à l’exercice linguistique facile.

Vernus pose, sans plus : égyptien *ḫtm* “sceller, clore”, arabe *ḫatama* (p. 188). Il oublie que c’est un emprunt sémitique fait à l’égyptien, à l’exception de l’accadien : Maximilien Ellenbogen, *Foreign Words in the Old Testament. Their Origin and Etymology*, Londres, Luzac & C°, 1962.

Ce qui semble le plus manquer à Pascal Vernus, c'est la technique étymologique. Il est connu, depuis longtemps, et sans contestation, que l'hébreu *ḫātam*, *yiḥtōm* "sceller, compléter, signer", l'arabe *ḫatam, yaḫtim* "sceller, cacheter, munir d'un sceau, d'un cachet", et aussi "clore, achever, terminer", le phénicien *ḥtm* "sceller", sont des emprunts de l'égyptien *ḫtm*, démotique *ḫtm*, copte *shōtm*, *shōtĕm*, *hōtmĕ*. Le syriaque, l'éthiopien, le mandéen ont aussi emprunté le mot égyptien, mais pas l'accadien où le signe pour "sceau, cachet" est : *kunukku*, du verbe *kanāku* "sceller, cacheter". Voilà les faits que Vernus ignore, sinon il n'aurait pas posé sa fausse équation lexicale.

En posant égyptien *jknw, íknw* "houe", akkadien *akkullu*, (p. 188) que veut démontrer au juste Vernus ? Phonétiquement, il faut expliquer pourquoi l'accadien (akkadien) présente un fort phénomène de réduplication consonantique (paradigme avec réduplication du radical), ce qui n'est pas du tout le cas égyptien : *-k-n* égyptien contre *-k-k-l-l* accadien. Il faut en plus donner d'autres mots ayant le même arrangement phonique. Sinon, la conviction n'est pas acquise que *íknw* égyptien et *akkullu* accadien soient apparentés.

Le mot égyptien qui se rencontre couramment dans les textes anciens pour "houe" est *ba (b3),* aussi *ḥnn* (Pierre Montet, *Les scènes de la vie privée dans les tombeaux égyptiens de l'Ancien Empire*, Strasbourg, 1925, pp. 183 - 189).

Vernus adore le mot rare : égyptien *q3q3* "bateau", arabe *qarqur* (p. 188 de son étude). Mais ne voit-il pas qu'il ne s'agit nullement de lexèmes apparentés, morphologiquement parlant : *q-q* contre *qr-qr* ? Tout est très hasardeux dans les rapprochements de Vernus. Les chercheurs africains, tant dénigrés et dédaignés, n'ont jamais fait des concordances aussi fantaisistes, localisées seulement au niveau de l'illusion des apparences, sans aucun raisonnement linguistique. Je suis très déçu par le travail de Vernus, qui n'est pas pardonnable, sur le vu de son dossier universitaire. Si je rapprochais égyptien *smí* (*smj*) “beurre” et sémitique *smn* comme se le permet Vernus (p. 188), Tourneux, à l’affût de la nullité africaine, aurait eu une magnifique occasion de déverser sa science africaniste contre les “savants africains du niveau d’Obenga”. Il encourage au contraire Vernus à se contenter du jeu hasardeux des “isoglosses lexicales” (ce qui n’a strictement aucun sens en linguistique, puisque “isoglosse” est simplement une ligne de démarcation en géographie linguistique, en dialectologie). Comment Tourneux, chercheur au laboratoire des Langages, langues et cultures d’Afrique noire (CNRS, INALCO, Paris III, Paris VII), et Vernus, philologue, linguiste et égyptologue (EPHE, Paris), expliquent-ils les correspondances phonétiques entre *smí* égyptien et *smn* sémitique ? Pourquoi l’égyptien ne montre-t-il pas de *-n* final ? En linguistique comparée, il faut être extrêmement rigoureux, précis, capable de tenter une explication cohérente des faits listés.

Le désastre est à son comble dans la section intitulée “*Comportement et relations sociales*” (Vernus, *op. cit.*, p. 189) :

– égyptien *jnq* (*í nḳ*) “embrasser”, arabe *anaqa* “embrasser”. Le sens premier, fondamental, de *ínḳ* est “unir” (les Deux Terres d’Egypte), “rassembler”, “mettre ensemble”. Le sens de “embrasser” est dérivé, figuré (les dieux étreignent, embrassent Pharaon, c’est-à-dire ils s’unissent à lui ; il est enveloppé par l’énergie divine). La sémantique mériterait d’être précisée.

– égyptien *wdpw* “serviteur”, arabe *waṣīf*. Le mot égyptien évoque l’idée de “cuisinier”, “maître” (d’hôtel). Ce que les dictionnaires anglais rendent bien : “*butler*”, “*cook*”. Comment la structure *d-p* disparaît-elle totalement en arabe ? Et le *f* arabe en position finale ? dire que *wdpw* et *waṣīf* sont apparentés, au plan génétique ou au plan typologique, me paraît franchement incorrect, mais Vernus est heureux.

– égyptien *nb* (*w*) “maître”, arabe *nāb*. Cet exemple est intéressant : une occlusive nasale apico-dentale / *n* / introduisant une occlusive bilabiale sonore / *b* /. Mais aucune série ne peut être établie :

égyptien : *nb* “tout”	**accadien** : *kalū* “tout”
copte : *níbí, níbĕ* *id.*	**ugaritique** : *kl*
	hébreu : *kol*
	syriaque : *kol*
	éthiopien : *kəl*
	arabe : *k-ll*

égyptien : *nbw* “or” (métal)	**hébreu** : *zāhāḇ* “or”
copte : *noub* id.	**hébreu** : *paz* “or” (poésie archaïque biblique)

égyptien : *nbí* “flamme ”	**hébreu** : *lhwb, lahaḇ* “flamme”

Quand Vernus donne *šmm* “être chaud”, hébreu *ḥmm* “être chaud” (p. 187), il faut préciser le contenu sémantique du verbe égyptien qui veut dire : “avoir la fièvre”, “être fiévreux”. D’où le nom *šmmt* “fièvre”, “inflammation” (Paryrus Ed. Smith, 386). La variante est *ḫm* “chaud” (“*warm*” en anglais). Autrement, l’idée même de “chaud”, liée au feu, à la flamme qui brûle, se dit par exemple : *nbíbí* (de *nbí*) “être chaud” ; *sḏt* “feu, flamme” (*ḫt n sḏt* “bois de chauffe”, Ukr. IV, 670, 13). On a par ailleurs *ḫt* “feu” (avec le déterminatif Q 7), *r kḥ* “chaleur” ; *t3* “chaud”.

Poursuivons l’examen de la liste de Vernus (p. 189) :

– égyptien *nms* “vêtement royal”, sémitique *lbš* “habiller”. Vernus force les choses. L’égyptologue compétent se fait mauvais linguiste : je doute que *nms* puisse signifier n’importe quel “vêtement royal”. Tout le monde sait en égyptologie que *nms*, *nemes*, est une "coiffe striée en lin réservée au souverain" (Sergio Donadoni, égyptologue italien). Les Anglais traduisent : "*a royal head-dress*" (A. Gardiner), "*royal head-cloth*" (R. Faulkner), etc. Les Allemands ne traduisent pas autrement. En sémantique, il y a tout un monde entre "vêtement royal" et "habiller" : le nom est précis, réservé au domaine royal, le verbe est d'un emploi général et ne correspond pas nécessairement à "vêtement royal". Le mot courant, banal, quotidien, depuis l'Ancien Empire, pour "habiller", "être habillé, vêtu" (verbe), et "habit, vêtement" (nom) est: *ḥbš* qui n'a rien de commun avec le sémitique *lbš* ; il faut expliquer *ḥ* et *l*. Tout le reste est pareil chez Vernus : des sollicitations forcées, des approximations inadmissibles, aucun souci d'explication démonstrative, manque total de rigueur dans le choix des lexèmes. Bien plus, le refus des faits est un vrai régal pour Vernus.

Les mots que Vernus désigne par "*Vocabulaire courant*" (p. 189), n'ont précisément rien de "courant", par exemple : "lier quelque chose autour de quelque chose", "enfler, accumuler", "dissiper", "érafler", "tomber goutte à goutte", "s'étendre", etc. Vernus joue, dans ses choix, à quitte ou double.

Il s'agit en fait du "vocabulaire de base", constitué de mots comme "tête, œil, langue, bouche" ; "eau, feu, soleil, lune, étoile, pierre" ; "manger, boire, marcher, voir, venir, entendre, mourir", etc. Vernus opère de graves "manipulations" parce qu'il sait pertinemment que l'égyptien et le sémitique n'ont en commun *aucun mot* du vocabulaire courant (je souligne). Ainsi, par exemple :

1. - Soleil

ugaritique : *špš*
arabe : *šams*
sémitique commun : *šmš*

égyptien : *r*^{c}, *rā*
copte : *rĕ*

2. - Etoile

accadien : *kakkabu*
hébreu : *kōkāb*
syriaque : *kawkəbā*
arabe : *kawkab*
éthiopien : *kōkab*

égyptien : *sb3, seba*
copte : *siwu*

3. - Terre

accadien : *erṣetu*
ugaritique : *'arṣ*
hébreu : *'ereṣ* (féminin)
syriaque : *'ar'ā* (féminin)
arabe : *'arḍ* (féminin)

égyptien : *t3, ta* (masculin)
copte : *tō, tŏ, tĕ-*

4. - Dieu

ugaritique : *íl* “dieu”
ugaritique : *ílt* “déesse”
sémitique commun : *ēl / al*

égyptien : *nṯr* “dieu”
égyptien : *ntrt* “déesse”
copte : *noutĕ, nouti*

5. - Nom

accadien : *šumu* (*shumu*)
ugaritique : *šēm* (*shēm*)
hébreu : *šẹ̄m* (*shẹ̄m*)
araméen : *šum* (*shum*)
arabe : *'ism*
éthiopien : *səm*

égyptien : *rn*
copte : *ran, rĕn, lan, lĕn, rin*

Le négro-africain est apparenté à l'égyptien : shilluk

(Soudan) *rin* "nom", galke (Adamawa, Nord Cameroun) *rin* "nom", kimbundu (Angola) *rina* "nom", mbe *len* "nom", nuer *ron* "appeler", i.e. "dire le nom".

6. - Maison

sémitique: *baytu* < *bayit*
sémitique (sud arabique) *byt*, pl. *byt*
hébreu : *bē<u>t</u> yisrā'ēl* "maison d'Israël"

égyptien : *pr*, pl. *prw*
copte : *pĕr*

7. - Un (nombre 1)

sémitique (hébreu) : *'aḥad* (masc.), *'aḥadah* (fém.)
sémitique (araméen) : *ḥad* (masc.), *ḥadah* (fém.)

égyptien *w^c, wā* (masc.)
égyptien *w^{c}t, wāt* (fém.)

Allons au secours de Vernus. La chuitante égyptienne apico-palatale sourde / *š, sh* / correspond en copte à une chuitante / *sh* / : c'est connu. Vernus montre par ses exemples que le signe / *š* / égyptien correspond au / *ḫ* / sémitique, une fricative vélaire sourde : égyptien *nšp* "respirer", arabe *nḫf* ; égyptien *šwy* "être vide", arabe *ḫwy* "vide". Donc *š* = *ḫ* (fricative prépalatale sourde = fricative vélaire sourde). Cela, en position interconsonantique ou initiale. Mais le schéma ne tient pas rigoureusement : égyptien *šsp* "recevoir", arabe *šağafa* (le *ğ* est une fricative vélaire sonore emphatique) ; égyptien *štm* "injurier", arabe *šatama*. Tous ces exemples sont donnés par Pascal Vernus (p. 189). J'ai essayé de faire le travail qu'il n'a pas su faire, en l'aidant, en toute bonne foi. C'est une critique positive. Mais les faits linguistiques ne permettent pas de justifier les listes des lexèmes proposés comme étant identiques : il est impossible d'établir des correspondances phonétiques ("*sound laws*") de façon régulière, satisfaisante. C'est que le chamito-sémitique ou afroasiatique n'existe pas dans la matérialité des faits linguistiques.

Le professeur Carleton T. Hodge n'a jamais cru à la réalité de l'afroasiatique ou chamito-sémitique reconstruit. Ce n'est qu'une hypothèse de travail chez lui : "Linguistics, like many academic endeavors, sets up hypotheses and then tests them. The present paper is a discussion of *the Afroasiatic hypothesis* and some aspects of its testing" (C. T. Hodge, *Aforasiatic* '67, in "Language Sciences. Indiana University. Research Center for the Language Sciences", n° 1, mai 1968, pp. 13-21 ; pour la citation, p. 13). Ce qui est souligné l'est par moi.

Il s'agit bien d'une hypothèse, et non d'une réalité linguistique reconstruite : *l'hypothèse afroasiatique* que l'on teste depuis 1844, mais sans résultats significatifs, probants : Theodor Benfey, *Ueber das Verhältniss der ägyptischen Sprache zum semitischen Sprachstamm*, Leipzig, 1844.

En avril 2000, attaquant les "afrocentrismes", Pascal Vernus rassemble toute la documentation, impressionnante, mais qu'hypothétique, du chamito-sémitique ou afroasiatique, croyant jeter la poudre aux yeux du lecteur. Il ne fait guère mieux que tous ses prédécesseurs "chamito-sémitiques" qu'il répète sans critique linguistique, sans argumentation scientifique, sans méthodologie appropriée. Vernus prend ses *si* pour des raisonnements rigoureux. C'est son majeur défaut.

L'hypothèse du "nostratique", jadis vigoureusement défendue par Cuny, est aujourd'hui complètement abandonnée par la linguistique sérieuse : A. Cuny, *Recherches sur le vocalisme, le consonantisme et la formation des racines en "nostratique", ancêtre de l'indo-européen et du chamito-sémitique*, Paris, 1943.

L'ami Henry Tourneux est le premier à rire aux éclats à propos du "hamite", du "chamite", ignorant peut-être qu'il rejette, avec raison, le travail fumeux de Carl Meinhof, Die *Sprachen der Hamiten*, Hambourg, 1912.

D'hier et d'aujourd'hui, il faut abandonner ces hypothèses impossibles à tester au plan de la linguistique qui a ses règles de travail, rigoureuses et universelles :

1. - *l'hypothèse basque* en voulant inclure cette langue dans l'indo-européen malgré le refus catégorique des faits linguistiques ;

2. - *l'hypothèse nostratique* qu'aucune linguistique historique n'a jamais techniquement testée, selon les procédés de l'art ;

3. - *l'hypothèse hamite* (ou *chamitique*) défendue, mais en vain, par les auteurs des cercles culturels africanistes (Leo Frobenius, Carl Meinhof, etc.) ;

4. - *l'hypothèse chamito-sémitique* ou *afroasiatique* jamais testée avec succès : de 1844 à 2000, c'est-à-dire de Theodor Benfey à Pascal Vernus, en passant par Fr. Gr. Calice, I. M. Diakonoff, Marcel Cohen, A. Erman, T. W. Thacker, J. Vergote, Werner Vycichl, E. Zyhlarz et Joseph H. Greenberg ;

5. - *l'hypothèse des langues semi-bantu* jadis défendue par un savant comme Malcolm Guthrie, qui a pourtant beaucoup contribué au comparatisme bantu.

On imaginera toutes sortes d'hypothèses linguistiques africaines tant qu'on ne reconnaîtra pas la vérité historique, à savoir :

a) - l'Egypte pharaonique était un royaume africain, sur le continent africain, et non au "Proche-Orient" ou en "Asie antérieure" ou "mineure" ;

b) - l'Egypte pharaonique était une civilisation bâtie par des Noirs Africains, dans la très vieille antiquité, et qu'elle n'a jamais reçu des apports culturels décisifs venant de l'extérieur du continent africain pour son émergence et son épanouissement (langue, écriture, technique architecturale des pyramides, panthéon, concept de la ***Maât***, technique de momification, société matrilinéaire, royauté des dieux-rois, etc.) ;

c) - l'Egypte pharaonique était une civilisation nilotique, née, épanouie et morte aux bords du Nil, dans la vallée du Bas-Nil. De ce fait, ses racines appartiennent totalement à l'univers culturel négro-africain (Erythrée Abyssinie / Ethiopie, Nubie / ancien Soudan, Sahara préhistorique, etc.) ;

d) - l'Egypte pharaonique est une civilisation négro-africaine par la variété biologique de ses habitants, leurs modes de pensée, leur écriture, leurs cosmogonies, leurs conceptions de la royauté, leur perception de la vie, de la société, de l'univers ;

e) - la langue parlée jadis par les habitants de l'Egypte pharaonique, aujourd'hui vivante encore dans le copte liturgique, est génétiquement apparentée aux autres langues modernes parlées par les Noirs Africains sur le continent africain ;

f) - tous les peuples, toutes les nations, toutes les communautés d'origine africaine, sur le continent ou en dehors de celui-ci (aux Amériques notamment), doivent considérer, sans autorisation préalable de qui que ce soit, l'Egypte pharaonique, occultée par toute l'historiographie eurocentriste contre l'Afrique, à cause des siècles de traite négrière et de colonisation politique, économique, culturelle et humaine, comme le fondement historique des humanités africaines dans le monde contemporain ;

g) - la véritable Renaissance Africaine a pour fondement culturel l'apport de toutes les civilisations africaines : Egypte pharaonique, Napata et Méroé, Abyssinie, Zulu, Shona, Xhosa, Zimbabwe, Luba, Kuba, Kongo, Teke, Fang, Duala, Bamoun, Nupe, Kano, Katsena, Sokoto, Yoruba, Ibo, Fon (Abomey), Akan, Malinke, Ghana, Mali, Songhai et Djeno-Djenne, Cayor,

Trekur, etc., etc. La Renaissance Africaine est politique, économique, sociale, démocratique, scientifique, technologique, communicationnelle, éducationnelle, sportive, artistique, etc. C'est le Renouveau Africain, en refusant, par la lutte, toute hégémonie, toute oppression, toute diversion. La Renaissance Africaine doit développer le Programme nucléaire africain, pour la sécurité de l'Afrique, de ses habitants, et pour la paix.

Voilà le legs, immense, dynamique, exceptionnel, de Cheikh Anta Diop, bête noire des africanistes, - et pour cause !

Qu'ils soient rassurés, ces bons africanistes eurocentristes et racistes, dogmatiques mais incompétents, qu'aucun disciple de Cheikh Anta Diop ne faillira : la lutte pour la dignité, le respect et la responsabilité africaine fait partie de notre vie. Faut-il négocier sa vie avec des chercheurs africanistes pisseux ? Dogmatique et incompétent, c'est le cas aussi, dans le ramassis africaniste, de Marc Etienne, qui se dit "archéologue", "conservateur au département des Antiquités égyptiennes du Musée du Louvre, Paris", intéressé "aussi" à la philologie et à la religion pharaoniques : "Afrocentrismes et collections. Des goûts et une couleur", pp. 209-225 de l'ouvrage édité par Fauvelle-Aymar *et alii*. Marc Etienne ne sait pas du tout de quoi il parle :

– "Attribuer à Cheikh Anta Diop la paternité de l'idée de l'africanité de l'Egypte est (...) inexact. Mais l'Egypte relève également du monde sémitique, du fait de sa position géographique et stratégique" (p. 211). Comment l'Egypte qui est située en Afrique peut-elle relever, "du fait de sa position géographique", du monde sémitique, localisé en dehors du continent africain, au Proche-Orient et en Mésopotamie ? Une autre question : pourquoi la Crète, voisine de l'Egypte, ne relève-t-elle pas, "du fait de sa position stratégique", du monde sémitique ? Pourquoi le concept de "carrefour" ne jouerait-il pas pour Chypre, la Crète, la Grèce d'Asie ?

Cheikh Anta Diop n'a jamais travaillé pour s'attribuer "la paternité de l'idée de l'africanité de l'Egypte" : Cheikh Anta Diop a travaillé pour restaurer le continuum historique africain de l'Antiquité pharaonique aux problèmes culturels et autres de l'Afrique moderne, contemporaine. Marc Etienne, gentil archéologue, n'a même pas lu le sous-titre de *Nations nègres et Culture* (Paris, 1954) ;

– "On se heurte ici au problème de la qualification et au sens des mots "Africain" et "Noir". "Africain" renvoie à "ce qui est relatif ou appartient à l'Afrique" ; dès lors, l'Egypte est africaine - mais le Maghreb arabe aussi. "Noir", sous-entendu "à la peau noire", ne désigne pas nécessairement les Africains, comme en témoignent les populations d'Inde du Sud ou les Mélanésiens" (p. 212). Analysons cette littérature :

a) - l'ancienne Egypte est africaine ; dès lors, les anciens Egyptiens étaient des Africains. Le Maghreb arabe est membre de l'Organisation de l'Unité Africaine (O.U.A.). Le président Bouteflika a été récemment président en exercice de l'O.U.A. Où est le problème ?

b) - Hérodote a déposé en déclarant : les Egyptiens ont la peau noire (*melanchroes eisi*) et crépus les cheveux (*kai oulotriches*), voir ses *Histoires*, livre II ("Euterpe"), § 104 ;

c) - en conséquence, les anciens Egyptiens étaient des Noirs Africains, comme tous les autres naturels du continent africain. Bien sûr, il y a des Noirs ailleurs qu'en Afrique, en Inde du Sud et en Mélanésie par exemple.

Marc Etienne ne maîtrise pas encore bien la langue égyptienne, écrite en hiéroglyphes : "Le nom de l'Egypte, *Kemet*, est souvent traduit de façon erronée par "le pays des Noirs" par C. A. Diop, repris avec des erreurs de grammaire par T. Obenga (1996), *passim.* Cette traduction s'appuie sur la distinction faite par les textes égyptiens entre d'une part la "terre noire" (*t3 km*), c'est-à-dire la vallée cultivée, en référence à la couleur du limon du Nil, et d'autre part la "terre rouge", c'est-à-dire le désert. Le mot *km* signifie "être complet" au sens d' "abouti, achevé", qui se réfère au concept bien attesté de l'unité de l'Egypte, matérialisée par l'union des deux terres (Haute et Basse-Egypte), mais aussi de l'unité du pays conçu comme un œil divin à l'intégrité parfaite. Cette autre racine n'est jamais mentionnée en ce qui concerne la traduction de ce mot" (pp. 214-215, note 14). Marc Etienne divague. Et c'est grave pour un "conservateur" des Antiquités égyptiennes au Musée du Louvre, à Paris. Ce qu'il écrit n'a aucun sens :

a) - Cheikh Anta Diop a traduit *Kemet* par "le pays des Noirs" dans quel ouvrage, quelle page ? J'ai repris cette traduction "avec des erreurs de grammaire" dans quel ouvrage, quelle page ? Pourquoi mentir constamment, vous, les africanistes eurocentristes ?

b) - Si *t3 km* veut dire "terre noire" et s'il faut tenir compte de *km* "être complet", "abouti, achevé", dans la traduction de cette expression *t3 km*, quelle est alors la traduction finale ? Quelque chose comme ceci : "terre noire complète", "terre noire achevée". C'est-à-dire qu'ici, le mot *km* a un double sens : "noir" et "être complet" à la fois. Marc Etienne est totalement dans l'erreur. Il ignore l'existence de synonymes et d'homonymes en égyptien. Il confond tout avec une légèreté incroyable. Voici les faits ignorés par Marc Etienne :

km "noir" (adjectif) : l'hiéroglyphe du hibou (oiseau) est employé en tant que complément phonétique.

km "compléter", "être complet" : le dernier signe hiéroglyphique indique qu'il s'agit de concepts, de notions abstraites.

Il existe donc deux mots *km* qui sont homonymes mais pas synonymes : adjectif "noir" et verbe "être complet". C'est différent, au niveau du lexique et de la grammaire, pour tous les égyptologues de la terre, à l'exception de l'érudit conservateur du Louvre, Marc Etienne.

Quel est le texte égyptien, authentique, qui porte ou présente *t3 km* "terre noire" pour désigner l' "Egypte" ? Cette désignation *t3 km* est une pure invention de notre savant égyptologue qui devrait éviter le mensonge scientifique. Marc Etienne est un homme malhonnête, au plan de la recherche scientifique.

Le "concept bien attesté de l'unité de l'Egypte, matérialisée par l'union des deux terres (Haute et Basse-Egypte)", n'est pas *km* "être complet", mais *sm3*, *sema*, "unir", et aussi *ṯs, tjes* "unir". Le rite *sema-tawi* "Unification des Deux-Terres" est connu par le débutant étudiant en égyptologie. L'expression *tjes tawi* "Unification des Deux-Terres" est attesté : trône d'un colosse de Ramses II au temple de Louxor. Marc Etienne peut désormais l'apprendre.

Par ailleurs, le lexique égyptien donne ce qui suit :

Kmt "le Pays Noir", "*the Black Country*" en anglais

Kmt "les gens du Pays Noir", "les hommes et les femmes du Pays Noir", "les habitants du Pays Noir", i.e. les Egyptiens des temps pharaoniques. Les habitants de l'Afrique noire sont des Noirs Africains ou des Négro-Africains. Les habitants du Pays Noir sont des Noirs, des Nègres : c'est le même raisonnement. Les Mélanésiens sont précisément des Insulaires Noirs (*melas* "noir", et *nēsos*, dorien *nāsos*, "île", en grec).

A propos des noms intrinsèques de l'ancienne Egypte pharaonique, Marc Etienne peut se référer fort utilement, je crois, au récent livre de James P. Allen, conservateur de Musée plus qualifié : "The Egyptians had several names for their own country, including *t3-mrj* "land of the hoe" and *kmt* "black" (...). The most common name, however, was simply *t3wy* "Two Lands" (James P. Allen, Middle Egyptian. *An Introduction to the Language and Culture of Hieroglyphs*, Cambridge, University Press, 2000, p. 22). Il ne traduit pas *Kmt* autrement : c'est La Noire, La Nigritie. L'Egypte pharaonique elle-même a affirmé sa négritude, chère à Marc Etienne, qui devrait mieux s'initier à l'égyptien.

Le reste de la pauvre dissertation de Marc Etienne porte sur la sémiologie des couleurs dans l'Egypte ancienne pharaonique. Le statut divin des chairs du corps est de couleur noire. Tant mieux ! Noir sur noir.

Etrange la conclusion de cet égyptologue, mélangeant ironie et science : "L'Egypte appartient au patrimoine culturel de l'humanité et, à ce titre, les afrocentristes ont raison : elle est noire. En effet le noir, la physique moderne l'a montré, n'est pas une couleur..." (p. 222).

Les africanistes désignent les chercheurs africains ou d'origine africaine par : "les afrocentristes". Pourquoi ce terme avec lequel nous ne nous qualifions pas nous-mêmes ? Je crains que Marc Etienne soit raciste comme les Fauvelle-Aymar, les Jean-Pierre Chrétien, les Claude-Hélène Perrot, les Henry Tourneux et les Pascal Vernus. Ces hommes et ces femmes nous attaquent, nous dénigrent, nous injurient, nous méprisent à longueur de mois et d'années, pour la simple raison que nous voulons mieux comprendre la réalité africaine qui est la nôtre, dans le contexte du monde contemporain. Cheikh Anta Diop est constamment traîné dans la boue par ces racistes de premier ordre. Les chercheurs africains qui ne font pas de compromis sont traités comme des esprits tarés. Quand on prend la peine de lire leurs "critiques" scientifiques, leurs "remarques méthodologiques", on ne découvre que haine, dédain, virulence gratuite, quand ce n'est pas de l'incompétence, purement et simplement. Hier, les attaques et les injures, imméritées, venaient de la part des africanistes R. Mauny, J. Suret-Canale, G. Balandier, L. - V. Thomas, R. Cornevin, H. Moniot, A. Froment, M. Lefkowitz, C. Coquery-Vidrovitch, etc. On peut critiquer sans recourir systématiquement à l'injure, au dénigrement, à la déformation des idées des autres. C'est de l'intolérance raciste, de l'hégémonie culturelle, de l'arrogance intellectuelle, de l'indigence morale.

L'Egypte, La Noire, n'existe pas, puisque le noir n'est pas une couleur : et ces pyramides, ces temples, ces tombeaux, ces momies, ces obélisques, ces hiéroglyphes, ces cosmogonies, ces sciences et philosophies, ces colossales statues, tout cela n'existe pas du fait du non-noir ? Marc Etienne est un rêveur.

Marc Etienne est assez gauche lorsqu'il ironise : "Des goûts et une couleur". Le proverbe dit plutôt : "Des goûts et des couleurs on ne discute pas". Puisque le bon sens graisseux de Marc Etienne fait état d' "une couleur", on peut alors discuter. Sérieusement.

Comment Marc Etienne a-t-il procédé pour examiner la couleur des objets égyptiens de son Musée du Louvre ? Quel équipement physico-chimique ? Quel protocole scientifique suivi ? Quelle expérimentation concluante entreprise ?

On sait que la couleur est le résultat d'une interaction entre la lumière provenant d'un objet et plusieurs ensembles de molécules situés dans la rétine : les signaux émis par ces molécules réceptrices (l'espèce humaine possède trois types de récepteurs) sont traités par le cerveau. Ma question : la lumière utilisée par Marc

Etienne, le spécialiste des couleurs égyptiennes, provenait de quel objet, de quelle source lumineuse ? C'est important de le savoir.

Les perceptions (un système sensoriel parmi tant d'autres) sont largement déterminées, influencées par des caractéristiques culturelles des individus, par les idées dominantes dans la société. Le "noir" peut être perçu comme "brun" par des idéologues racistes, se refusant de reconnaître la réalité épidermique des anciens Egyptiens pharaoniques, responsables de la civilisation africaine du Bas-Nil, dans l'Antiquité. Il n'y a pas plus fort terme grec que *melas* pour dire "noir", mais les idéologues traduisent autrement lorsque ce mot sert à décrire la peau des anciens Egyptiens pharaoniques. Ma deuxième question : quel est l'état sociologique et psychologique du système perceptif sensoriel de Marc Etienne ? Il n'est pas inutile de connaître "la mentalité sociale" de notre africaniste qui fait la guerre à l'afrocentrisme.

Marc Etienne n'est pas humble devant la complexité des choses. Il se jette trop allègrement dans le vide. Il est victime de sa propre suffisance. Qu'il lise donc, pour s'instruire, cet article clair, concis et succinct du professeur Maurice Chastrette (Laboratoire de neurosciences et systèmes sensoriels, Université Lyon I, CNRS ESA 5020) : *Chimie, couleurs et sociétés*, in "L'Actualité chimique", n°11, novembre 1999, pp. 137-140 - N° Spécial "Chimie et Vie quotidienne".

IV

Comment les africanistes eurocentristes caricaturent le travail des Africains

M. LEFKOWITZ
B. ORTIZ DE MONTELLANO
J.-P. CHRETIEN
S. HOWE

Il faut que les africanistes changent d'attitude et de comportement vis-à-vis des chercheurs africains autonomes. Mary Lefkowitz affectionne la caricature dans ses ouvrages et sa dissertation, que voici : "Le monde antique vu par les afrocentristes" (pp. 229-247 de l'ouvrage *Afrocentrismes*, édité par Fauvelle-Aymar *et alii*).

Mary Lefkowitz pose mal le problème : d'un côté, le récit historique afrocentriste, avec ses réussites et ses exagérations (son racisme à rebours) ; de l'autre côté, la narration historique eurocentriste, qui a la meilleure exactitude historique, en dépit de son vieux racisme, aujourd'hui abandonné, puisque les Blancs font tout pour apporter d' "amples améliorations" à la vie sociale et matérielle des Noirs.

Alors, il faut dialoguer, discuter, tenir conversation, pour faire des "corrections" ici et là, faire des "compromis" ça et là, bref partager les torts, excuser les omissions et les oublis volontaires, pardonner les erreurs commises. Les paysages africains sont reboisés par l'africanisme reblanchi.

La méthode afrocentriste : l'anachronisme, le diffusionnisme (diopien), le refus de l'intégrité académique, le mythe (et non la réalité historique), etc. La méthode eurocentriste "offre le meilleur récit possible des faits connus" (p. 229). Que caricature africaniste réassortie avec le racisme.

Quand on fait de l'Egypte "le berceau de la pensée occidentale" (p. 241), cette Egypte devient "fondamentalement eurocentriste" (p. 241).

Tout cela est faux. Et le "débat" inutile. Il ne s'agit pas de discuter pour couper la poire en deux. C'est la philosophie hégélienne de l'histoire qui est en cause. Elle a façonné toute l'historiographie occidentale contemporaine : "L'Egypte ne fait pas partie de l'esprit africain" (Hegel). Or *ce paradigme hégélien* de la lecture de l'histoire de l'humanité, toujours en vigueur, n'est pas mis en cause par l'Occident, jusqu'ici. L'historiographie européenne en direction des Chinois, des Indous (Indiens), des Arabes, des Africains, des Américains natifs et des Océaniens, est une historiographie de l'intolérance culturelle et de la destruction culturelle : indianisme, orientalisme, africanisme, océanisme, multiculturalisme, etc., sont des objets de connaissance fondés sur le mépris, l'arrogance, le colonialisme, l'impérialisme, le racisme, la traite négrière par toute l'Europe pendant plus de quatre siècles, le refus des droits civiques et humains, la paranoïa raciale collective. L'Europe n'a jamais critiqué, elle-même, son eurocentrisme, sa fureur hégémonique mondiale, sa vision historique qui fait pièce à tout ce qui n'est pas européen.

Il ne s'agit pas de discuter à l'intérieur du paradigme historiographique hégélien. Mary Lefkowitz étonne par sa superficialité. En quoi une prostituée comme Cléopâtre VII intéresse-t-elle la conscience historique africaine ?

La démarche africaine, en interrogeant le passé africain, des origines à nos jours, est celle-ci : connaître par soi-même tout son passé (glorieux ou non) sur toute l'étendue du continent africain, évaluer les accomplissements par les ancêtres, étudier leurs succès et leurs échecs, leurs valeurs et leurs idéaux, comprendre philosophiquement et économiquement la traite négrière (le plus grand crime contre l'humanité commis par l'Europe entière), rechercher l'unité, la solidarité et l'intégration africaines, bâtir la Renaissance Africaine dans le contexte global du monde d'aujourd'hui. L'histoire, c'est la vie, et non les petites disputes intellectuelles sur les campus universitaires. Qui a raison sur l'Egypte ? Qui a tort sur l'influence égyptienne pharaonique en Méditerranée ? Qui dit quoi ? Qui a une cervelle de moineau ? Ça vaut le jus de chaussettes.

Mary Lefkowitz se trompe : les Grecs n'ont pas l'esprit plus enclin à l'abstraction que les Japonais, les Chinois, les Hopi, les Zulu, les Olmèques, les Maya, les Aztec, les Dogon, les Polynésiens, les Celtes, les Arabes, les Juifs, etc. C'est un mythe occidental que de le croire. Une pyramide est tout d'abord un objet mental, une fabrication neuronale, une chose non-réelle, théorique, abstraite, conceptuelle. Aucun texte philosophique grec n'a la puissance, l'abstraction, la complexité et la beauté extraordinaire du *Popol Vuh* des Maya. Le savant professeur scandinave Thorleif Boman a étudié et comparé la pensée grecque et la pensée hébraïque : les Grecs décrivent la réalité comme étant (ce qui est en tant qu'étant), tandis que les Hébreux appréhendent par la pensée la réalité comme mouvement (réalité dynamique comme instrument ou moyen d'action) : Th. Boman, *Hebrew Thought Compared with Greek*, New York, W.W. Norton & C°, 1954, 1960, 1970, trad. de l'allemand.

Le corpus des principes philosophiques et des valeurs des Quechua des Andes montre comment les nombres ont été conçus et utilisés pour coder les relations sociales, familiales, politiques et cosmiques, afin de maintenir l'équilibre et de vivre en harmonie avec toutes les sphères matérielles, sociales et morales de la vie communautaire. Il n'y a pas plus abstrait, plus théorique, plus heureux : Gary Urton, *The Social Life of Numbers. A Quechua Ontology of Numbers and Philosophy of Arithmetic*, Austin, University of Texas Press, 1997.

Il existe au moins quatorze grands corps de textes pharaoniques sur la vie dans l'au-delà : images, illustrations, langages, abstractions, symbolismes, n'ont jamais atteint un tel niveau de pensée et de réflexion en Grèce ancienne, devant le mystère de la vie : Erik Hornung, *The Ancient Egyptian Books of the Afterlife*, trad. de l'allemand, Ithaca, Cornell University Press, 1999.

En brisant le paradigme hégélien, les chercheurs africains vont accomplir une grande révolution intellectuelle, historiographique et philosophique. Mary Lefkowitz plaide pour retarder cette révolution et la Renaissance Africaine. Elle a choisi son camp : le camp des racistes contre les peuples africains dans le monde. Mais la lutte continuera jusqu'à la victoire des idées et théories historiques qui prônent le respect, la dignité, l'égalité et la fraternité entre humains.

Même Bernard Ortiz de Montellano, un illustre *quidam* qui se dit "professeur émérite en anthropologie, auteur de nombreux travaux sur l'afrocentrisme" (en fait, il n'a à peine que trois articles, un en collaboration) ! ose attaquer Cheikh Anta Diop, de la manière la plus grotesque : "Une autre technique, commune à d'autres afrocentristes tel que Cheikh Anta Diop, qui essaya de mettre en évidence une relation génétique entre le wolof et l'égyptien, est *un usage puéril* des comparaisons de mots. Etant donné les lois de la probabilité et le nombre limité de phonèmes humains, des mots similaires peuvent être rencontrés de façon aléatoire dans toutes les langues prises deux à deux". (B. Ortiz de Montellano), " 'Black warrior dynasts'. L'afrocentrisme et le Nouveau Monde", pp. 249-270 ; pour la citation, p. 263 de l'ouvrage édité par

Fauvelle-Aymar et les siens. Je souligne.

Pourquoi l'adjectif "puéril" à l'endroit de Cheikh Anta Diop, spécialiste de Physique nucléaire, historien et linguiste, philosophe et homme politique ? Pourquoi les injures vis-à-vis des chercheurs africains et africains américains (et non "afrocentristes") ? Pourquoi le manque de respect, de courtoisie scientifique, de politesse humaine ?

En ce qui concerne son jugement, Ortiz de Montellano est juste un homme de parti pris : il devient fou furieux quand les Africains comparent le wolof et l'égyptien (langues prises deux à deux), et montre un visage d'ange lorsque Pascal Vernus compare l'arabe et l'égyptien (langues prises deux à deux).

Mis à part les universaux linguistiques, ce que dit Ortiz de Montellano est totalement faux : qu'il trouve donc, en quantité, et au nom des lois de la probabilité et du nombre limité de phonèmes humains, des mots similaires entre le basque et le russe, entre le catalan et le berbère, entre le sumérien et l'hébreu, par exemple. Le nombre limité de phonèmes humains joue au niveau de la phonation et non de la création du signe linguistique. Il confond la phonétique et la lexicologie. Il ne comprend pas les contre-sens, énormes, contenus dans sa prétentieuse littérature. Le professeur est nimbé d'erreurs assez grosses.

La linguistique historique et comparative moderne est "très sophistiquée et systématique" (p. 263). Ortiz de Montellano comprend-t-il ce que cela veut dire ? Je ne suis pas si certain. Cela signifie qu'il faut des correspondances phonétiques ("*sound laws*") systématiques, c'est-à-dire régulières, établies sur des séries lexicales, et sur des lexèmes hérités, de toute évidence. Ensuite, il faut reconstruire les formes primitives communes, prédialectales, à partir des faits linguistiques attestés dans l'histoire pour tenter de faire la démonstration de l'ancêtre commun d'où dériveraient les langues historiques comparées. Cette méthode échappe totalement à tous les africanistes eurocentristes dans leurs exercices "chamito-sémitiques" ou "afroasiatiques" ou encore "afrasian".

Excusons Ortiz de Montellano puisqu'il n'est pas linguiste, mais vaguement anthropologue et savamment africaniste sur l'afrocentrisme.

Ses attaques inciviles et racistes contre le professeur Ivan van Sertima ne se justifient nullement. Voilà pourquoi je ne voudrais pas m'y attarder : "Van Sertima prétend ne pas être un afrocentriste, mais sa défense d'une influence africaine dans tous les domaines disqualifie ses protestations" (pp. 250-251).

Le préjugé à l'œuvre. Comment un Africain peut-il refuser d'être un "afrocentriste" ? Chantons en chœur : Elikia M'Bokolo, Ki Zerbo, Asante, Finch, Lam, Sall, Ngom, Gomez, Mudimbe, Appiah, K. Wiredu, A. Irele, P. Diagne, B. Ogot, Kimambo, Thabo Mbeki, "nous sommes des afrocentristes renaissants" ! Et non des Africains, avec plusieurs itinéraires d'explication historique de nous-mêmes, pour connaître, et tâcher de mieux prendre notre commune destinée en main.

Le professeur Ivan van Sertima a répondu, en détail, aux allégations mensongères de B. Ortiz de Montellano et de ses amis : *Reply to my critics*, in "The Journal of Pan African Studies" (Northridge, Californie), vol. I, n° I, automne-hiver 1998-1999, pp. 87-93.

Ortiz de Montellano qui fait appel à des études datant de 1885, 1907, 1915, 1942, 1946, 1954, oublie de mentionner, ne fût-ce dans la bibliographie, l'étude d'un savant comme Alfonso Zenil Medelin, parce que, sans doute, cet auteur fait état de la présence de "vrais Nègres", parlant du type physique des Olmèques : A. Z. Medelin, *Monolitos inéditos olmecas. La Palabra y el Hombre*, in "Revista de la Universidad Veracruzana", n° XVI, 1960, pp. 75-97.

De son côté, cet autre grand savant, Gonzalo Aguirre

Beltran, ne rejette pas l'idée "afrocentriste" des "Négroïdes" ou "Noirs" parmi la population olmèque : G. Aguirre Beltran, Gente del país del Hule, in "Universidad de México", vol. X, n° 3, 1955.

Ces deux auteurs, A. Z. Medelin et G. Aguirre Beltran, ont publié leurs recherches "dans des presses universitaires", chères à Bernard R. Ortiz de Montellano, qui n'est pas du tout objectif.

La civilisation olmèque, dans la région côtière de Tabasco et de Veracruz, a exercé son influence sur la vallée de Mexico, à Oaxaca (Monte Albán) et sur la zone maya du Guatemala, jusqu'à Belize et au Honduras (rio Ulua). Le site typique de la civilisation olmèque est La Venta, avec des statues colossales en pierre. La typologie de Xochipala, Etat de Guerrero, l'un des grands foyers culturels des Olmèques, fut examinée avec minutie. L'idée d'une origine "mongoloïde", pour cette typologie, est improbable : "The early Xochipala figures seem to indicate that the Olmec ancestry was probably not Mongoloid" (Carlo T.E. Gay, *Xochipala. The Beginnings of Olmec Art*, The Art Museum, Princeton University, édit. de 1974, p. 53).

Ainsi, les "afrocentristes" ne sont pas les seuls à soutenir l'idée d'une présence de "Noirs" parmi les Olmèques méso-américains. En ce sens, sont également "afrocentristes" Carlo T.E. Gay, G. Aguirre Beltran, A. Z. Medelin, Michael Bradley, Karl H. Schwerin, Ibn Fadallâh al-Omari (1301 - 1349), etc.

Directeur de recherche dans un laboratoire du CNRS, Centre de recherches africaines de Paris I, historien de l'Afrique, auteur de plusieurs ouvrages sur la région des Grands Lacs Africains, Jean-Pierre Chrétien, est un parfait fabulateur avec son article "Les Bantu : des Indo-Européens noirs" ? (pp. 271-293 de l'ouvrage eurocentriste édité par Fauvelle-Aymar, Chrétien lui-même et Mme Perrot). Chrétien cherche simplement noise aux Africains.

Jean-Pierre Chrétien est un homme de très mauvaise foi, de la façon la plus caractéristique : quand des chercheurs européens se réunissent sous les auspices du CNRS à Viviers en France (1977), les objectifs ne sont que scientifiques, à propos des peuples bantu. Mais quand des chercheurs africains, américains et européens sont convoqués par des instances scientifiques africaines, au sujet des mêmes peuples bantu, à Libreville au Gabon (1985), les objectifs doivent être à la fois scientifiques et idéologiques. Cette vision des choses par Jean-Pierre Chrétien relève de l'africanisme eurocentriste dont voici les itinéraires de la conscience :

a) - XVIe – XVIIe - XVIIIe siècle : le mythe du "bon sauvage", Nègre d'Afrique ou Huron d'Amérique ; le Nègre, esclave, inférieur ; le Noir sensuel, arriéré ;

b) - XIXe siècle : historiographie hégélienne du Nègre, Noir, Africain vivant en marge de la marche de l'Esprit dans l'espace et le temps, s'incarnant comme "Histoire", sauf chez le Nègre d'Afrique ;

c) - XXe siècle : le primitivisme de toute l'anthropologie de Boas, Levy-Bruhl, Levi-Strauss, avec la pensée primitive, la pensée sauvage, les bantustans, l'apartheid, l'africanisme, le racisme de l'anthropologie physique, les non-civilisés et nous Européens civilisés jusqu'à la moëlle des os, le tiers-monde, les pays sous-développés, les sociologies dynamiques, les mutations africaines dans la longue durée de Chrétien, les peuples sans histoire de Moniot, les siècles obscurs de R. Mauny, les Afriques ambiguës de G. Balandier, l'Afrique fantôme de M. Leiris, les peuples nus de Max-Pol, les inégalités des races humaines par Gobineau réédité en 1963, l'œuvre à la fois "surprenante et irritante" de Cheikh Anta Diop par le sociologue Louis-Vincent Thomas, l'Afrique de Cheikh Anta Diop par l'enseignant et chercheur en histoire de l'Afrique François-Xavier Fauvelle-Aymar, le *Not Out of Africa* de Mary Lefkowitz, le muticulcuralisme néo-hégélien d'Arthur Schlesinger (*The Disuniting of America:*

Reflections on a Multi-cultural Society), l'IQ de Richard Herrnstein et Charles Murray (*The Bell Curve*), le chamito-sémitique de Marcel Cohen l'afroasiatique de J. H. Greenberg, l'Afrasian de Diakonoff, les Hamites de l'ethnographie allemande et belge, relayée par Chrétien qui croit fermement à la différence génétique et humaine entre "Hutu" et "Tutsi" (voir ses articles dans "Le Monde", Paris), etc. : toutes ces entreprises historiques, sociologiques, ethnographiques, psychologiques, linguistiques, économiques, philosophiques, etc., sont des entreprises racistes contre les Africains, les Noirs de la terre.

Jean-Pierre Chrétien va, droit, faire la même chose, dans la même vespasienne. Il le fait sans scrupule. Mais laissons uriner le brave savant.

Les cours, précis, de linguistique saussurienne à l'Université de Genève par le professeur Henri Frei et ceux, éblouissants, de l'illustre professeur Emile Benveniste au Collège de France et à l'Ecole pratique des hautes études (IV section), à Paris, Sorbonne : je les ai suivis avec application ; j'ai donc été initié par des maîtres à la linguistique et au comparatisme indo-européen. Mais, voilà, Jean-Pierre Chrétien, raciste, me reproche de tenter d'appliquer le "modèle indo-européen" aux langues et aux peuples bantu de l'Afrique centrale, orientale et australe. On peut parler des "langues indo-européennes" et des "peuples indo-européens", c'est-à-dire les peuples qui parlent les langues indo-européennes. Un savant de la trempe d'André Martinet (non cité dans la bibliographie de Chrétien) l'a fait, en 1986, avec son livre *Des steppes aux océans. L'indo-européen et les "Indo-Européens"*, Paris, Payot, 1986.

On ne peut pas accuser Benveniste, Dumézil et Martinet d'être des chercheurs "ethno-raciaux" du fait de leurs travaux sur l'indo-européen. Leur discours est différent de celui de Jean Audry, non moins compétent en indo-européen. Dans mon cas, le seul fait d'essayer de comprendre le monde bantu selon le modèle scientifique indo-européen (qui a fait ses preuves), je deviens "ethno-racial", "idéologue", "manipulateur", "intégriste identitaire" à abattre, sous la plume acerbe du raciste Jean-Pierre Chrétien.

Jean-Pierre Chrétien, poil hérissé, mélange trop de choses : haine contre l'Afrique et les Africains, confusion entre science et idéologie, ignorance de l'universalité des schémas scientifiques (qu'il faut, bien évidemment, adapter, selon les milieux, les circonstances), désir de coller aux autres ses propres vues racistes et africanistes eurocentristes. Jean-Pierre Chrétien a fait un sale travail dans la région des Grands Lacs Africains, réanimant, par ses écrits et ses dires, les mésintelligences et les problèmes socio-politiques entre les "Tutsi" et les "Hutu" de l'ethnographie coloniale et raciste belge, reprise à 100 % par le raciste Jean-Pierre Chrétien.

Dès que le chercheur africain tient un discours humain, émancipateur, soucieux de la conscience africaine longtemps aliénée par l'africanisme (ancien et nouveau), préoccupé de l'avenir des peuples africains, il devient, de ce seul fait, et automatiquement, le pire ennemi des intérêts coloniaux que l'africanisme se doit de préserver : contrôler l'intelligentsia africaine, la paralyser dans des "travaux" insignifiants interdisant la "question" de l'Egypte pharaonique et tout commerce fructueux avec l'œuvre de Cheikh Anta Diop, abuser de la naïveté de certains savants africains (amis des racistes africanistes, ce que je ne suis pas), critiquer et ridiculiser les chercheurs africains indépendants, ne travaillant pas sous tutelle intellectuelle eurocentriste, empêcher par tous les moyens le développement politique, social, économique et culturel de l'Afrique.

Nos objectifs sont scientifiques et politiques. Comme partout ailleurs dans le monde. Les chercheurs français, dans tous les domaines, font des rapports à des autorités politiques de la tutelle, éclairent et conseillent leurs hommes et femmes politiques, fournissent le “renseignement” en temps utile à leurs structures administratives hiérarchiques, reçoivent des crédits pour cela, exécutent des contrats négociés par eux-mêmes ou pour eux, par les autorités de tutelle. Où est le mal ? Les postes, les nominations, les avancements sont souvent politiques, même dans des institutions de très haut prestige comme le Collège de France. Certains auteurs dans le livre de Fauvelle-Aymar *et alii* en savent quelque chose.

Les africanistes racistes et eurocentristes, ennemis des Africains et de l'Afrique, les Chrétien, les Marc Etienne, les Fauvelle-Aymar, les Agnès Lainé, les Béatrix Midant-Reynes, les Claude-Hélène Perrot, les Henry Tourneux, les Pascal Vernus, les Stephen Howe et les Mary Lefkowitz, transforment nos objectifs scientifiques et politiques, clairement affirmés, en objectifs idéologiques, pour brouiller, à souhait, la situation africaine actuelle. Nous savons que c'est la lutte. La lutte fait partie de notre existence contre tous les ennemis de l'Unité Africaine, du Panafricanisme, de la Solidarité Africaine, de la Renaissance Africaine. Combat long et difficile, parce que les africanistes, anciens et nouveaux, ont l'art de la diffamation, de la division, du mensonge : Jean-Pierre Chrétien, François-Xavier Fauvelle-Aymar et Claude-Hélène Perrot prennent aujourd'hui, en France, la tête de ce mouvement africaniste anti-africain.

Nos objectifs scientifiques et politiques sont pour la fraternité humaine, la coopération entre nations, peuples et Etats du monde, la justice, la liberté, la démocratie, le partage du fruit de l'effort collectif. Nos objectifs scientifiques et politiques, distincts mais unis, sont pour l'amitié, l'harmonie, la beauté et la paix dans le monde. Nous travaillons pour une Afrique démocratique, de justice et de progrès, de fraternité et d'ouverture au monde contemporain. Jean-Pierre Chrétien, raciste et incitateur des haines ethniques ou tribales dans la région des Grands Lacs Africains, est incapable de comprendre cela. Il ignore notre livre sur notre vision de la Nouvelle Histoire, rien à voir avec le multiculturalisme : nous sommes pour le respect, l'égalité, la promotion et la connaissance de tous les héritages culturels, scientifiques et intellectuels de l'humanité, dans le cadre d'un Projet global, digne du XXIe siècle et des cycles temporels à venir.

Le raciste Jean-Pierre Chrétien, essoufflé dans son entreprise de haine et de division africaniste et eurocentriste, voudrait m'enfermer “dans un débat universel de notre époque, qui est confrontée à des intégrismes identitaires dont la diversité des couleurs cache mal la similitude des logiques” (p. 283).

Que clichés et vide phraséologie. Les Celtes, les Bretons, les Catalans, est-ce nécessairement de l'intégrisme identitaire ? Et la francophonie au plan mondial, universel, est-ce automatiquement et inéluctablement de l'intégrisme identitaire ? Et les Juifs de la terre, notamment ceux des Etats-Unis d'Amérique, qui ont bâti Israël, doté ce petit pays d'une puissance nucléaire, rénové la langue hébraïque - l'hébreu contemporain, est-ce de l'intégrisme identitaire ? Qu'il réponde donc, le raciste Jean-Pierre Chrétien, faux historien de l'Afrique.

La logique historique africaine de comprendre tout le passé africain, depuis les civilisations de la Vallée du Nil égypto-nubienne, de bâtir les antiquités africaines, de reconstruire la conscience historique africaine, de lutter pour la Renaissance Africaine et l'Unité Africaine, voilà qui choque grandement le raciste Jean-Pierre Chrétien. Et de quoi se mêle-t-il, cet homme de haine qui a un dédain profond pour les Africains. Nous, Africains, respectons les Autres et ne faisons pas les grand-guignolesques s'agissant des problèmes européens.

Jamais je n'ai parlé de “bantuïté essentielle”. Jamais je n'ai assimilé la civilisation bantu “à une sorte de plénitude parfaite” (p. 284 du fumeux écrit de Chrétien, raciste et haineux). Jamais je n'ai parlé de “pureté” des origines bantu. Le raciste Jean-Pierre Chrétien m'attribue, à tort, en mentant grossièrement, ses propres fantasmes intellectuels, qu'il cultive depuis longtemps contre les Africains : il est le défenseur attitré des "Hamites" de la région des Grands Lacs Africains qui, bien évidemment, n'existent que dans l'intelligence créatrice de Jean-Pierre Chrétien.

Dans sa haine des Africains, Jean-Pierre Chrétien croit avoir le dessus en relevant chez les chercheurs africains des "contradictions (qui) ne sont pas perçues comme gênantes" (p. 287) : selon Anselin, "le bantu apparaît quand l'égyptien s'éteint" ; selon Obenga, le bantu apparaît comme un dérivé plus évolué des langues soudanaises ; mais selon Gilbert Ngom, qui s'appuie sur le cas du duala, Chrétien comprend qu' "en principe" le bantu serait "un parler plus primitif que l'égyptien" (p. 287).

Il n'y a aucune contradiction. Ce sont des hypothèses de travail, justifiées, argumentées, soumises à la critique. Les chercheurs africains ne sont donc pas aussi "unanimistes" qu'on le prétend. Je rapproche les langues bantu des langues soudanaises, et Jean-Pierre Chrétien a cette remarque fort étonnante : "impertinence discrète à l'égard du wolof, cher à Cheikh Anta Diop, et des autres parlers ouest-africains" (p. 284, note 57).

Vraiment, que veut prouver Jean-Pierre Chrétien ? Son ignorance totale du fait linguistique africain. Qu'il sache donc que les parlers de l'Ouest Africain (wolof, sérère, fula, diola, mancagne, kissi, mandé, voltaïque, kwa) sont génétiquement apparentés aux langues bantu, au jukun, au birom, comme aux langues de l'Adamawa et au kordofanien (koalib, tegali, taladi, etc.), dans le cadre du Nigéro-Kordofanien : le professeur Joseph H. Greenberg l'a établi, de façon assez satisfaisante, acceptable dans l'ensemble. Dès lors, rapprocher le bantu des langues de l'Ouest Africain et du Soudan nilotique n'est pas un crime, sauf aux yeux d'un incompétent en linguistique comme Jean-Pierre Chrétien.

La plaisanterie de Jean-Pierre Chrétien, homme raciste et haineux, à propos de la récente tragédie du Congo, est inacceptable : "Qui est "bantu" et qui ne l'est pas au sein des milices de Brazzaville, de Lissouba ou de Sassou Nguesso, des profiteurs ou des victimes de l'épuration ethnique" ? (p. 290).

Qui était "Breton" et qui ne l'était pas au cours des guerres civiles françaises d'autrefois ? Qui est "Blanc" et qui ne l'est pas au sein des groupes armés irlandais, protestants et chrétiens ? Et les tragédies de l'Europe centrale, de nos jours : pas entre des communautés linguistiques génétiquement apparentées ? C'est la politique, les intérêts égoïstes, les enjeux pétroliers étrangers et les visées néo-coloniales et néo-africanistes qui amènent ces tragédies qu'il serait malhonnête d'attribuer à la culture, à l'existence des ethnies, à leur idiome commun. Les sociologies néo-coloniales dites "sociologies africaines", "sociologies dynamiques", "changements et mutations", etc., ont inventé des théories tribalistes, diffusées à partir des chaires universitaires françaises (Georges Balandier qui croit à la domination de certaines "tribus" congolaises sur d'autres).

Que le raciste et haineux Jean-Pierre Chrétien sache que les Africains sont contre "l'ancien africanisme colonial" et contre "le nouvel africanisme" de Fauvelle-Aymar, de Chrétien lui-même et de Mme Perrot. Raciste et haineux, Jean-Pierre Chrétien est un spécialiste de l'amalgame intellectuel : "Bantuland primordial", "bantouïté", "mirage pharaonique", "fascination indo-européenne", "dérives de la quête d'authenticité", tout y passe avec la plus grande confusion mentale, le mépris en sus. Mais c'est bien fini, l'africanisme, colonial, ancien, nouveau, moderne, post-moderne : c'est fini. La bannière coloniale, néo-coloniale, africaniste et néo-africaniste est en feu, bientôt consumée. Que cendres, ces cartons africanistes d'hier et d'aujourd'hui. Peu d'intellectuels africanistes seront sauvés.

Stephen Howe, directeur d'études au Ruskin College, Oxford, Grande-Bretagne, est vraiment d'une nullité à peine croyable, avec son article "L'Afrique comme sublime objet de l'idéologie. Images d'Amérique, afrocentristes et autres", pp. 295 - 316 de l'ouvrage de Fauvelle-Aymar *et alii*.

Aujourd'hui, le racisme africaniste post-colonial est une position culturelle de groupe autour de Fauvelle-Aymar, Chrétien et Mme Perrot. Mais leur idéologie raciale reste inchangée depuis le temps de l'esclavage, depuis l'historiographie hégélienne.

Sambo, Quashee ou *Moleque*, c'est l'esclavage typique des plantations, création du commerce esclavagiste européen (pudiquement appelé "commerce transatlantique"), mais en deux catégories sociales, aux yeux du maître, "inventeur" de la société qu'il maintient sous son contrôle :

a) - *Sambo, Quashee* ou *Moleque*, "le Petit", docile, mais irresponsable esclave tout en étant loyal, attaché au maître, tel un enfant : son caractère enfantin qui plaît au maître est sa qualité d'être, son essence, son être-là, sur la plantation. Transposons le stéréotype aujourd'hui, en lisant la géniale littérature d'un gros raciste comme Stephen Howe : Volney et Martin Bernal, cités par Howe, comme de mauvais maîtres esclavagistes qui ont aidé à "façonner" l'image non-esclave de l'esclave (Howe, *op. cit.*, p. 296). Malgré tout, *Sambo, Quashee* ou *Moleque*, "le Petit", est toujours là, remarquable dans son être docile, loyal, heureux, satisfait et insouciant. C'est le pôle afrocentriste innocent, pas nationaliste, minimaliste, heureux sur la plantation, mais envié par les autres *Sambo*, et Howe de nommer les professeurs Ade Ajayi, Valentin Mudimbe, Kwame Appiah, Kwasi Wiredu, Elikia M'Bokolo, Bassey Andah (p. 301), Henry Louis Gates, Cornel West, Bell Hooks, Paul Gilroy et Stuart Hall, "qui, de façon tout à fait étonnante, sont regardés par beaucoup d'afrocentristes romantiques avec un air franchement haineux" (p. 302). Et pour cause ! Ils sont bien engraissés sur la plantation, ces *Sambo, Quashee* et autres *Moleque* : *Sambo* sur la plantation nord-américaine, *Quashee* sur la plantation caraïbe, et *Moleque* au Brésil, tous "petits" esclaves loyaux, dociles, irresponsables, heureux de servir le maître et d'être admirés par lui, sur la plantation ;

b) - *Sambo, Quashee* ou *Moleque*, le même esclave, menteur et voleur invétéré, au comportement ombrageux, frondeur, parfois ouvertement récalcitrant ; son discours, si jamais il en tient un, n'est qu'enfantillage, tromperie, exagération, dureté, impolitesse, romantisme, rêverie ; des histoires folles sur son enfance, l'image embellie de son pays (inconnu) d'origine ; des fantaisies à dormir debout pour se donner une certaine "personnalité africaine". Transposons le stéréotype dans la littérature, si éclairante, de Stephen Howe. C'est le pôle afrocentriste dur, romantique, maximaliste, haineux, envieux, nationaliste, mélangeant "marxistes, féministes et déconstructivistes" (p. 301). Le pôle afrocentriste promouvant "un ensemble d'images dont l'a-historicité, l'archaïsme et l'essentialisme, loin de décroître, paraissent devenir toujours plus intenses" (pp. 300-301). L'ancienne Egypte pharaonique et la Nubie, voilà l'idylle de ces *Sambo, Quashee* et *Moleque* récalcitrants qui ont pour nom : Nat Turner, William Wells Brown, Edward Wilmot Blyden, William H. Ferris, W.E.B. du Bois, Chancellor Williams, John Henrik Clarke, John G. Jackson, Léonard Jefferies, Jacob H. Carruthers, Asa Hilliard, Marimba Ani, Molefi K. Asante, Wade Nobles, Maulana Karenga, Yossef ben Jochannan, Legrand Clegg II, Charles Finch, David L. Horne, Haki R. Madhubuti, T. Martin, V. Wobogo, etc. aux Amériques et, sur le continent, "Cheikh Anta Diop et ses disciples romantiques" (p. 307), Mahmood Mamdani, de l'Université du Cap, en Afrique du Sud, et tous les autres "à la recherche de l'Afrique", désespérément, sur la plantation des nouveaux maîtres africanistes eurocentristes. Le romantisme de *Sambo* récalcitrant donne de l'Afrique exaltée, "source de toute sagesse antique", non plus une image d'un continent "figé dans un présent intemporel et enfantin", mais celle d'un royaume glorieux de "l'éternel retour cyclique" (p. 314).

La vertu de Stephen Howe est l'innocence. Celle d'un coupable qui s'ignore. Son idéologie est foncièrement raciale et raciste, avec toute la logique des plantations esclavagistes. Les stéréotypes culturels, psychologiques et sociologiques sont en effet des phénomènes historiques importants. Le maître doit créer un monde pour l'esclave, afin qu'il soit son éternel *Sambo, Quashee* ou *Moleque*. Enfermé dans son idéologie, aveuglé par sa puissance momentanée, sûr du monde créé par lui, arrogant et prêcheur (ou prédicateur), le maître tient même les refus et les rébellions de l'esclave comme de simples enfantillages.

C'est fini, l'intimidation, l'invention de la peur, le maintien de la soupape de sécurité africaniste eurocentriste. C'est fini, l'arrogance, la vantardise, les imprécises dissertations sur les profondes ambiguïtés de la conscience historique africaine contemporaine. C'est fini.

Le territoire africaniste essaie de se renouveler, mais en vain. Le néo-africanisme a une liaison historique, culturelle, philosophique, politique et économique avec la logique du discours des plantations tenu par le maître. L'afrocentrisme romantique, généreux, humaniste, a innové une nouvelle "Légende des Siècles" (Victor Hugo). Le contrôle africaniste des idées et des travaux des Africains ne peut plus avoir lieu de nos jours. Stephen Howe, pris aux pièges des dialectiques "post-modernistes" et "tiers-mondistes", ne comprend plus bien ce qui se passe autour de lui : l'ébranlement, puis l'effondrement des murailles de la suprématie eurocentriste qui veut contrôler la moindre motivation psychologique africaine.

Je ne comprends pas qu'un Européen, en l'occurrence un Anglais, Stephen Howe, puisse se mêler bruyamment de ce qui ne le concerne pas : la mémoire collective africaine reconstruite par Cheikh Anta Diop est "très proche du mythe" (p. 307). D'accord. Mais en quoi cela le regarde ? Est-ce que nous, Africains, nous nous mêlons de la mémoire collective irlandaise ou anglaise où le mythe n'est pas non plus exclu ? Le mythe, absent de la conscience historique juive ? Que sait-on vraiment des Francs, des Celtes et de leurs druides ? Les mythes, dans certaines religions universalistes, sont érigés en dogmes.

V

Les africanistes eurocentristes contre la conscience africaine et la Renaissance africaine

V. MORABITO
P. SCHIRRIPA
C. DOUXAMI
S. VINCENOT
L. SAMARBAKHSH-LIBERGE
Et la bande parisienne de J.COPANS :
F.-X. FAUVELLE-AYMAR
J.-P. CHRETIEN
C.-H. PERROT
H. TOURNEUX
P. VERNUS
P. MIDANT-REYNES ET M. ETIENNE

La quatrième partie “Réseaux et métamorphoses” (pp. 317-400) de l’ouvrage *Afrocentrismes*, édité par Fauvelle-Aymar *et alii*, traite des “Juifs noirs” par Vittorio Morabito (Université de Catania, Italie), d’une Eglise dite “afrocentriste” du Ghana par Pino Shirripa (Université de Perugia, Italie), des mouvements des Noirs brésiliens, Hamilton Cardoso, I. Sundiata, Abdias Nascimento, Guerreiro Ramos, Antonio Pitanga, Mestre Didi, Ney Lopes, etc., contre la hiérarchisation de la société brésilienne selon un système de domination raciale, par Christine Douxami (Centre de recherche sur le Brésil contemporain, EHESS, Paris). La philosophe Guadeloupéenne Stella Vincenot se pose cette fort curieuse question : “Peut-on être afrocentriste en

Guadeloupe" ? (pp. 369-380). Stella Vincenot s'en prend à Ama Mazama, linguiste d'origine Guadeloupéenne, professeur au département d'études africaines de Temple University, Philadelphie (U.S.A.), lui reprochant de "penser l'identité guadeloupéenne dans la perspective d'un nationalisme noir" (p. 371), c'est-à-dire l' "afrocentrisme", une idéologie de réaction et de renoncement : réaction au drame de l'assimilation, et renoncement de l'originalité de soi. C'est l'impasse. Pour sortir de cette situation sans issue, "Ama Mazama devrait renoncer totalement à la métaphore raciale" (p. 373). Grandiloquente, notre philosophe l'est.

Coiffée de la mitre africaniste, Stella Vincenot ne perçoit pas nettement la différence entre l' "assimilationisme", la "négritude" et l' "afrocentrisme". Une autre expression-cliché : Ama Mazama reste "prisonnière de la pensée périphérique" (p. 378). Pour Stella Vincenot "la pureté" et "le cloisonnement des civilisations" font une seule et même chose. Tout ceci montre que Stella Vincenot, nageant elle aussi dans les étangs boueux de l'africanisme rénové par Fauvelle-Aymar et ses amis, ne manie pas clairement et distinctement les concepts. Le plus étonnant, c'est qu'elle est d'un parti pris vraiment aveugle.

Stella Vincenot, prêtresse africaniste, ignore-t-elle le magnifique travail de Claude Beausivoir et de ses amis, en terre guadeloupéenne même ?

Le dernier article de l'ouvrage édité par Fauvelle-Aymar et ses compagnons africanistes eurocentristes est dû à une certaine Lydia Samarbakhsh-Liberge, "chercheuse, rattachée au Centre d'études africaines, Ephess, Paris, et boursière de recherche de l'Institut français d'Afrique du Sud, Johannesburg". Le titre de cet article est ainsi formulé : "*L'African Renaissance* en Afrique du Sud. De l'utilité ou de l'utilisation de l'histoire" ? (pp. 381-400).

Cette savante du Centre d'études africaines délire

ainsi : la "Renaissance Africaine" n'est ni idéologie ni programme politique, ses origines étant tirées de "divers courants et tendances de l'afrocentrisme et du panafricansime sud-africain, africain et de la diaspora" (p. 381).

Que font donc ces Nègres de la Terre, avec des expressions impénétrables pour l'esprit occidental :

– panafricanisme sud-africain
– panafricanisme africain
– panafricanismes de la diaspora
– négritude
– afrocentrisme, "discours historisants afrocentristes" (p. 398).
– Renaissance africaine
– multiculturalisme...

Dès 1948, Cheikh Anta Diop (1923-1986) pose et développe cette question urgente : "*Quand pourra-t-on parler d'une Renaissance Africaine*" ? in "Le Musée Vivant", n° spécial 36-37, novembre 1948, Paris, pp. 57-65, illustr.

La Renaissance de Harlem dans les années 1920-1930, celle de Sophiatown (Johannesburg) avec Mphahlele dans les années 1950, celle des Congrès des écrivains africains (Paris, 1956) par "Présence Africaine", celle d'aujourd'hui en Afrique du Sud avec Thabo Mheki, Mahmood Mamdani, M. W. Makgoba, Kwesi Kwaa Prah, S. Ndlovu, V. Mavimbela, Nelson Mandela, A. Odhiambo, Thami Mazwai, Vincent Maphai, Max Nomvete, Wally Serote, etc., etc. c'est *toujours la même Renaissance Africaine* qui concerne toute l'Afrique, tous les Africains, mobilisés, et conscients des enjeux du monde contemporain. Lydia Samarbakhsh-Liberge ne comprend pas qu'il ne puisse y avoir *qu'une Renaissance Africaine* : un discours panafricain, une conscience africaine tendue vers la construction d'une nouvelle Afrique, dès à présent, après l'effondrement des empires coloniaux et de l'apartheid.

Qu'elle vienne d'Ethiopie, de l'Afrique du Sud, du Sénégal, de la Louisiane ou de la Géorgie, de la Guadeloupe ou de Trinidad, de la Tanzanie ou de l'Egypte, de la Guinée ou de l'Ouganda, le panafricanisme est toujours un, le même, partout, à jamais, en dépit des itinéraires historiques, des mutations, des focalisations locales.

Lydia Samarbakhsh-Liberge est, comme tout africaniste eurocentriste, pour l'émiettement de la conscience historique africaine (elle préfère l'expression de "mémoire collective" : c'est pareil !), pour la fragmentation du fait culturel africain dans son unité profonde, pour le développement africain non solidaire, non intégré. Lydia Samarbakhsh-Liberge est "naturellement" contre l'Afrique : c'est son choix. Elle voit partout "la diversité des points de vue et des démarches" (p. 398). Mais c'est précisément la richesse du concept mobilisateur qui éveille partout la créativité africaine. Aucune politique n'a donné, nulle part dans le monde, des changements importants immédiats. Lydia Samarbakhsh-Liberge ignore ce truisme. Les nonnes de l'historiographie de Fauvelle-Aymar et C° sont assez nombreuses, bien sûr. Lydia Samarbakhsh-Liberge est l'une des pythies. L'amazone africaniste a l'âme sereine.

VI

Comment les africanistes s'attachent à des futilités par manque d'arguments

Charabia africaniste

F.-X. FAUVELLE-AYMAR
J.P. CHRETIEN
C.-H. PERROT

Deux autres faits sont également à relever à la lecture de l'ouvrage édité par Fauvelle-Aymar, Chrétien et Mme Perrot, *Afrocentrismes* (Khartala, 2000). Premièrement, le vocabulaire pédant, prétentieux, abscons, utilisé. Deuxièmement, le doute, remarquable par les points d'interrogation qui soulignent de façon peu confiante les titres des chapitres et de certains articles.

– Le chercheur africain est un "*envahisseur idéologue*" dans la discipline africaniste (p. 10). Qu'est-ce qu'un envahisseur idéologue ? Le chercheur européen est un idéologue plus fin, n'est-ce pas ?

– Les articles de Fauvelle-Aymar de ses amis et collègues sont "*nettoyés jusqu'au squelette des scories de la subjectivité*" (p. 10). Du charabia pur. Et du mensonge, en plus. C'est quoi : la subjectivité ayant un squelette ?

– "*Les voix ici réunies* ne sont pas compétentes sur

tous les aspects abordés dans l'ouvrage (...). Personne n'a forcé *son timbre* pour être à l'unisson des autres..." (p. 11). Quelle belle cacophonie, alors ! Quant à l'incompétence, elle se constate à chaque page de l'ouvrage. Musique, que bruit, que chahut. Nous sommes habitués au vacarme, bien sonore, à l'unisson, des africanistes qui se mêlent de tout : Egyptologie, linguistique historique, civilisations africaines anciennes, conscience historique africaine, philosophie, historiographie, sans aucune compétence, ainsi qu'ils le reconnaissent eux-mêmes, ces messieurs et dames africanistes qui rêvent que leur salade composée fera (peut-être) référence. Qu'ils aillent donc faire une saison à Vichy !

– Cheikh Anta Diop est présenté comme "le père fondateur" de l'*afrocentrisme*, mais on entend Fauvelle-Aymar s'interroger sur son apport à l'africanisme (p. 12). Que comprendre, franchement ? La cacophonie devient vraiment échevelée. Tous ces rouquins rouspétant ! Fauvelle-Aymar en tête du cortège !

– Pascal Vernus "montre (aussi) que les points d'interrogation sont encore nombreux" (p. 12). C'est fort aimable. Le travail fait est ruineux pour lui !

– Marc Etienne a une voix plus colorée : il "nous livre une réflexion (allons donc) ! sur la couleur des Egyptiens anciens, autre sujet de graves dissensions (sûr)? *dans le concert des égyptologues* et des nouveaux égyptophiles (non nommés)" ? (p. 12). Toujours cette passion pour le concert, la musique, le bruit, le vain bruit. L'africaniste joyeux, chantant selon son propre timbre, n'est plus à craindre. Serpent repu qui est celui qu'il est dans sa reptation.

– "Tout en prenant *la température* des enjeux présents" (p. 12). A quel degré d'ébullition ? Pour moi, ayant lu couramment "Mamadou et Bineta", c'est du mauvais français qui s'appelle charabia, encore une fois. Les enjeux ont de la température, depuis quand, Chrétien ? Les enjeux, ayant de la dimension (locale, nationale, internationale, etc.), il faut prendre leur mesure.

– ... Une *analyse minutieuse* des matériaux et des codes picturaux employés par les artistes égyptiens pour se représenter et représenter les autres" (p. 12). Analyse minutieuse : avec quoi ? J'entends malice à ces propos africanistes.

– "Jean-Yves Loude, romancier et anthropologue, a pu livrer une enquête historique et ethnographique..." (p. 13) : quand un Européen dit la vérité sur l'histoire africaine, il est suspecté, et on lui refuse le glorieux titre d' "africaniste". Du moins, ici, la musique est nette, harmonieuse.

– "On trouvera dans les pages qui suivent, *sous la plume* d'un spécialiste de l'Amérique du Sud, Bernard Ortiz de Montellano, une analyse *à la loupe...*" (p. 13). Sous la plume, une analyse à la loupe : comprenne qui comprendra ! Epouvantable charabia africaniste. Tous les africanistes sont des spécialistes... en banalités ?

– "... Un pan de la littérature diffusionniste... est mis au jour" (p. 14). On peut donc suivre ce diffusionnisme en pleine lumière du jour, même s'il ne s'agit que d' "un pan de littérature" (quel charabia) !

– "Complot savant contre la vérité" (p. 14). Il n'est pas moins "complot" sans être "savant" : un complot est un complot, n'est-ce pas ?

– "Neith, déesse de l'Egypte archaïque" (p. 15) : à l'Epoque archaïque, c'est-à-dire avant toutes les dynasties, je doute qu'il y ait déjà le culte de la déesse Neith à Saïs. Où sont les preuves archéologiques, Fauvelle-Aymar, Chrétien et Mme Perrot ?

– "Les réponses de Bernal donnaient à ce débat *une singulière épaisseur critique*" (p. 15). Aucun sens, en langue française : qu'est-ce qu'une critique singulière en son épaisseur ? Qu'est-ce qu'une singulière critique épaisse ? Qu'est-ce qu'une singulière et épaisse critique ? Du charabia africaniste, ni plus ni moins !

– "... L'afrocentrisme à visage académique défendu par les grandes voix du mouvement" (p. 16). Du moins, ce n'est pas du vacarme pour le vacarme comme dans le cas de l'africanisme à visage pâle défendu par des musiques criardes.

– "Ce programme (enseignement de la langue égyptienne aux jeunes Africains), qui était déjà celui de Cheikh Anta Diop, n'a *bien sûr* rien de choquant *en soi*" (p. 16). Pourquoi "en soi" ? Est-ce sûr, et bien ? Pour sûr ?

– "L'Egypte antique appartient au patrimoine culturel mondial" (p. 16). C'est exact. Elle le serait toujours, dans son "africanité" et sa "négrité", comme l'antique Zimbabwe ou Gorée au Sénégal.

– "Les Humanités classiques constitueraient (exclusivement, soyons explicites) des savoirs pour Blancs" (p. 16). C'est faux. Aucun chercheur afrocentriste compétent ne le pense. Je connais des afrocentristes forts en version grecque et excellents en thème latin. Il ne faut pas créer des problèmes là où il n'y en a pas.

– "Les afrocentristes *tracent* aujourd'hui des filiations entre l'Egypte et l'Afrique noire" (p. 17). C'est inexact. Ils les prouvent, les démontrent, ces filiations qui sont d'ordre intrinsèque. Africanistes, cessez de courir sur le système des afrocentristes, à la recherche de leurs racines historiques et culturelles, en toute indépendance et en toute légitimité.

– L'afrocentrisme "dénote un renoncement à l'objectivité" (p. 17) : grossier mensonge. C'est l'eurocentrisme qui a produit l'idéologie, avec les concepts de "mentalité primitive", "pensée sauvage", "tribu", "bantouïté", "peuples sauvages et non civilisés", "race noire", "nègre", "négroïde", "systèmes de pensée", etc.

– "A chacun sa parenté mythique, en somme. Mais que nul, dit-on, n'ait *pipé* mot quand certains se voyaient en virils cavaliers sortis des steppes ou en fils d'antiques guerriers blonds..." (p. 17) : *de la pipette* ! Oui, à chacun sa celtomanie, son hellénomanie, ses gallicismes et autres gauloiseries. Aux Africains, garde à l'égyptophilie ! Le même amour du mythe se retrouve chez les deux parties, l'Européenne et l'Africaine. Dès lors, pourquoi empêcher les Africains d'avoir du courage pour leurs mythes ? Mais ces sales Nègres, il faut toujours les revacciner contre la mythomanie, car rien à voir avec la naissance de Venus, ses cheveux blonds retombant sur ses épaules. O sublime objet de l'idéologie occidentale. Nous, Africains, pauvres de nous ! Les fumées africanistes, toxiques, retombent en pluie acide sur nos cheveux crépus.

– "... A partir des travaux de Théophile Obenga, disciple congolais de Cheikh Anta Diop, tête pensante de la "bantouïté" et qui est aujourd'hui l'un des leaders de l'afrocentrisme américain" (p. 17). Les "leaders américains" de l' "afrocentrisme" ne manquent pas : ce sont mes frères et sœurs de lutte. Tous les Africains forment un bloc historique contre l'oppression et le mépris. J'accepte volontiers le compliment, mais à moitié seulement : le terme "bantouïté", je le rejette, car trop idéologique et eurocentriste ; pas du tout amical. De plus, j'ai horreur des mignardises et des malices hypnotiques !

– "... *Tout un chacun est sommé* de se prononcer avant que puisse s'engager le débat" (p. 17) : toujours cette pression, ce commandement, ces ordres africanistes dans le plus roturier langage qui soit.

– "Agnès Lainé livre ici *quelques clés utiles* à la compréhension des problèmes anthropologiques qui sont posés..." (p. 17) : on aurait aimé avoir toutes les clés pour ouvrir quelques portes et, peut-être, comprendre les questions ardues de la paléontologie générale et humaine. C'est insuffisant : "quelques clés utiles", même en or !

– "... Une discipline *longtemps* empreinte de racisme" : c'est la définition ou, plutôt, l'appréciation de Fauvelle-Aymar, Chrétien et Mme Perrot de l'anthropologie physique. C'est exact. De quel côté se trouve donc l'idéologie raciste ?

– "... L'antériorité, *si hautement* revendiquée" (p. 17): fallait-il la revendiquer si bassement ? Charabia d'une constance vraiment surprenante. La ruée africaniste vers l'indigence stylistique ! C'est juste honteux, un tel traitement de la langue française, si belle, si savoureuse, si claire, si cartésienne !

– "*Autre refrain* connu..." (p. 17) : je vous dis que l'africanisme, ancien ou nouveau, ne sait qu'une chose : faire de la mauvaise musique ("les voix ici réunies", "timbre", "à l'unisson", "dans le concert des égyptologues", etc.). Qu'effet de bœuf, sans plus, cette boîte à musique africaniste.

– "Les Africains et les descendants des esclaves déportés vers *les quatre coins du globe*, *en panne d'identité*, auraient besoin de mythes" (p. 17) : non, l'identité africaine a été mise sous globe. Nous, Africains, nous pansons nos blessures. Les africanistes, eux, font le paon.

– Les courants "afrocentristes" restent "pratiquement sourds aux recherches nombreuses" (p. 18) que le continent africain a suscitées : la musique, la chanson est bien connue, avec tous les refrains. Alors, à quoi bon l'écouter ?

– "Une Afrique figée dans *une éternité essentialiste* qui est au centre de l'afrocentrisme" (p. 18) : "une" - "éternité" - "essentialiste" - "au centre" ; du Fauvelle-Aymar dans son pédantisme absolu. La clause "une éternité essentialiste", outre le charabia, épouvantable, ne signifie absolument rien en philosophie. Aucun élève de classes terminales, même dernier de sa promotion, ne prendrait le risque, idiot, d'écrire pareil non-sens : en quoi, franchement, l'éternité serait-elle essentialiste ? Au paradis africaniste ? Fauvelle-Aymar est sérieux comme un pape ou un rabbin, pour rien. Il n'est pas loin d'être un simple exercice de bouffons, l'africanisme rénové.

– “L’Afrique rêvée, c’est encore ici *une Afrique artificielle, sentimentale, à la fois égyptienne et bantoue*” (p. 18) : l’Afrique rêvée est réelle, quand c’est une Afrique fantôme (Michel Leiris), une Afrique ambiguë (Georges Balandier), une Afrique mal partie (René Dumont). Elle devient une Afrique artificielle et sentimentale, quand c’est une Afrique égyptienne et bantoue, c’est-à-dire une Afrique géographique, historique, culturelle, linguistique, etc. Les africanistes sont des raccommodeurs et des raccomodeuses de faïences et de porcelaines dans leurs fameux Centres de recherches africaines et laboratoires des langues et cultures d’Afrique noire. C’est ainsi qu’ils arrivent en queue de peloton des universités et centres qui ont des programmes d’études africaines. Les africanistes français actuels n’ont aucune envergure intellectuelle. Ce sont des maîtres queux du mensonge et de la calomnie.

– “L’afrocentrisme antillais (...) institue *des césures ontologiques entre les hommes*, faisant barrière à l’universel” (p. 18) : comment thématiser cette philosophie première antillaise (“l’afrocentrisme antillais”) qui se découvre comme instituant - par son mode d’être-là, c’est-à-dire dans sa genèse ontologique même - “des césures ontologiques entre les hommes” et, de césure en césure, barre l’accès à la manifestation du complexe humain appelé “l’universel” dans la temporalité des étants dont le caractère phénoménal de l’être échappe, du coup, à l’outil réflexif antillais (“l’afrocentrisme antillais”) qui n’existe que pour soi, sans lien à un autre outil qui l’entraînerait vers la manifestation du phénomène du monde en son universalité explicite ? Est-ce que Fauvelle-Aymar, Chrétien et Mme Perrot suivent cette thématisation philosophique de leur dire collectif ? Est-ce trop “difficile” pour eux, l’être-là afrocentriste subsistant, et instituant, inéluctablement, sa propre mort : l’afrocentrisme se heurte à lui-même, ayant manqué le sol de l’universel qui est l’étant possible des hommes ? Est-ce trop “compliqué”, l’impossibilité de l’afrocentrisme en tant que substitut de l’africanisme qui, lui, a statut du discours eurocentriste universel ?

– "Différents courants (de l'afrocentrisme brésilien) plaidant pour une supériorité culturelle fondée sur *le retour vers* une africanité sans mélange..." (p. 19) : *le retour à* ("Cahier d'un retour au pays natal"). Je suis très surpris par le mauvais français de Fauvelle-Aymar, Chrétien et Mme Perrot, chercheurs et enseignants universitaires, d'origine française, ne connaissant aucune langue africaine pour s'excuser de certains créolismes et négrismes compréhensibles. C'est étonnant ! Le retour à, le retour en : quand on va ; le retour du : quand on revient (Gide, *Le Retour du Tchad*). Le retour en France, et non le retour vers la France.

– "Mais l'afrocentrisme est *aussi* africain" (p. 19) : le mot même l'indique, parbleu ! Nous, Nègres, ne disons pas : "l'eurocentrisme européen". La francophonie interdit l'osmose entre "francité" et "africanité". Nous restons des puristes, à l'avantage de la France. Fauvelle, Chrétien et Mme Perrot cherchent l'oubli des règles de Boileau dans le charabia, constamment.

– "... Les thèmes du complot occidental et de l'Egypte civilisatrice" (p. 19) : ces deux thèmes, "le complot occidental contre l'Afrique" et "l'Egypte civilisatrice du monde", existent dans l'historiographie africaine et universelle, suscitant colloques, débats, séminaires, etc. Ces deux thèmes ne sont pas des "inventions", c'est-à-dire une certaine objectivisation de la confusion. Il n'est pas dans la nature du marteau de se marteler lui-même ; cependant, le marteau s'use dans le martelage, qui est alors la signalisation de l'outil-marteau. Comprenons que l'Occident n'est pas en soi un "complot" contre l'Afrique, mais la Conférence de Berlin fut un complot occidental contre l'Afrique : colonisations, assimilations et agressions culturelles, exploitation coloniale, paupérisation des sociétés, luttes de libération nationale, massacres et assassinats de grands hommes politiques africains (Félix Moumie, Nyobe, Boganda,

Lumumba, Sankara, S. Biko, Murtala, M. Luther King, Malcolm X, etc.), zones d'influence, bases militaires, etc., sont des "signalisations mortelles" du complot occidental contre l'Afrique. Tout au contraire, le thème de "l'Egypte civilisatrice" met à la disposition des Africains et de tous les êtres humains la norme de la ***Maât***, c'est-à-dire le respect de l'équilibre terrestre et de l'équilibre du cosmos. L'idée de l'énergie créatrice infinie qui anime l'univers entier naquit dans la Vallée du Nil égypto-nubienne.

Pour Fauvelle, Chrétien et Mme Perrot, l'afrocentrisme (en Afrique, en Amérique, etc.) s'appuie sur "une mémoire fondamentaliste" (p. 20). C'est un "racisme" (p. 21) développé par des théories douteuses, non-exigeantes au plan scientifique (européen). Les afrocentristes sont partisans de "conceptions réductrices et séductrices" (p. 22). Si les afrocentristes rejettent une certaine tradition européenne de la réflexion historique, c'est-à-dire, en clair, la tradition eurocentriste et des manuels des administrateurs coloniaux, ils ont cependant tort, apparemment, de dénoncer " la domination passée et présente de l'Occident sur les mondes noirs" (p. 22). La "Renaissance Africaine" ne devrait concerner que la dynamique de l'histoire contemporaine africaine, et non le "retour à un passé épuré et mythique" (p. 22). Merci pour le conseil. Mais nous ne le suivrons pas, ce conseil africaniste raciste.

En conséquence, il faut apprendre aux Africains "les méthodes et les questionnements" (p. 23) de l'histoire rigoureuse. Ces auteurs éprouvent de la sympathie pour les "mémoires traumatisées" de l' "Afrique afrocentriste" (p. 23), mais, qu'importe, il faut imposer la rigueur : "L'Afrique y a droit" (p. 23). Qui donne ce droit à l'Afrique ? Les africanistes. Les Africains vivent encore à l'état sauvage, primitif.

A part les bricolages africanistes dans les enseignements, à part des "champs de recherches" sur les systèmes de pensée africains, les "mutations dans la longue durée", "les enjeux de mémoire", les "sources orales" (bien des années après l'ouvrage décisif de Vansina), ni Fauvelle-Aymar, ni Chrétien, ni Mme Perrot n'ont absolument rien produit de remarquable sur l'histoire française ou européenne, pour illustrer leurs "savantes" méthodes qui dépassent l'entendement des "sous-développés". Fauvelle-Aymar, Chrétien et Mme Perrot n'ont aussi rien écrit de respectable et d'intéressant sur l'histoire africaine, pour proposer des "modèles" aux culturalistes négro-africains.

C'est de la fumisterie, leur littérature contre l'afrocentrisme : "Le récit historique est toujours un récit à distance (...), position où nul (...) n'est plus à sa place qu'un autre, à moins de renoncer à ce métier" (p. 21). C'est bizarre ! Ces trois auteurs ont complètement perdu leurs qualités gustatives. Ils veulent dire que prendre conscience de son histoire "relève moins d'une position scientifique que d'une posture idéologique" (p. 21). Dès lors, idéologue, Fernand Braudel, de même Georges Duby ("Ces hommes dont j'examine les mœurs sont mes ancêtres", p. 26 de l'ouvrage *Le Chevalier, la femme et le prêtre. Le mariage dans la France féodale*, Paris, Hachette, 1981. Collection "La Force des Idées"). Il n'y a pas plus passionné historien de la France que Jules Michelet (1798-1874), auteur de l'*Histoire de France* (1833 - 1867), le meilleur monument nationaliste de tous les temps.

C'est bien de célébrer les ancêtres gaulois, quand des historiens français le font. C'est péché mortel, parce que péché d'idéologie, de célébrer les ancêtres africains, par des historiens africains, sans la tutelle d'ignorants en matière d'histoire africaine comme Fauvelle-Aymar et C°. Jean-Pierre Chrétien est tout d'abord ethnologue de la région des Grands Lacs Africains : toute l'idéologie africaniste a été véhiculée par l'ethnologie, depuis le primitivisme de Levy-Bruhl et le non-civilisé de Raoul Allier (professeur, aussi, à la Sorbonne). Mme Claude-Hélène Perrot se présente comme spécialiste des traditions orales d'un coin de la Côte d'Ivoire, mais elle est bouche cousue, la Caucasienne, ne sachant aucun mot de la langue de son champ ethnographique. Ils ne savent pas grand-chose ; cependant, ils veulent dicter la loi, la façon de faire, d'aimer et de connaître l'Afrique ; ils veulent constamment passer les Africains au caviar.

D'autres dames, encore moins avisées en matière de civilisations africaines, veulent faire les intéressantes : Agnès Lainé, Mary Lefkowitz, Béatrix Midant-Reynes, Lydia Samarbakhsh-Liberge et Stella Vincenot. Je parie aussi que Marc Etienne, Stephen Howe, Henry Tourneux et Pascal Vernus ne savent pas battre le tambour africain : tam-tam, tam-tam, c'est pourtant facile, élémentaire.

Mots et choses, mémoires et langues d'Afrique échappent totalement à ces africanistes qui auraient eu avantage à être humbles, au lieu de prétendre avoir reçu, tous et toutes, la barrette des mains des prêtres et prêtresses des sanctuaires de Ouidah. L'idéologie en statue, c'est l'africanisme eurocentriste et raciste, tel pratiqué par la bande à Jean Copans.

VII

Les africanistes croient que l'historiographie occidentale date du XIXe siècle. Longue tradition de cette historiographie

. Procope et le sens de l'histoire
. St. Jérôme et la signification symbolique et culturelle des textes anciens
. Pétrarque, restaurateur de la conscience culturelle italienne
. Luther et la culture nationale
. Bede et la tradition orale
. Bebel et l'héritage culturel
. Campanella et la naissance de l'historiographie
. J. Bodin, J. Mabillon et la méthode historique
. J. d'Alembert et l'histoire, lieu de la mémoire
. Commynes, Machiavel, Hobbes et l'utilité de l'histoire
. St. Augustin, Leibniz, Vico et Condorcet : l'histoire universelle, la philosophie de l'histoire, temporalités historiques, l'idée du progrès humain
. Il n'y a pas d'histoire a-topologique malgré la distance du récit historique.

Il est clair que Fauvelle-Aymar, Chrétien et Mme Perrot, tous "historiens africanistes" et "eurocentristes", ont de la peine à comprendre la signification même du travail et de la réflexion historiques. Puisqu'ils font constamment le gugusse, tentons de préciser ce qu'est l'histoire dans la tradition même de l'Occident, inaccessible aux partisans de la libération de l'Afrique (d'après nos brillants africanistes modernes).

L'histoire, dans sa nature, ses objectifs et ses méthodes, est une activité intellectuelle à plusieurs facettes et multi-dimensionnelle. L'histoire est à la fois recherche et processus créatif. Déjà Procope (ca. 490-575), historien byzantin qui a écrit sur les guerres perses, vandales et goths, parlait du *sensus historicus*, c'est-à-dire du sens historique qui apparaît comme original à l'historien et qu'il se doit de suivre, pour lire, analyser et expliquer les faits et événements du passé. C'est saint Jérôme (ca. 347-420) qui, en traduisant la Bible en latin, la *Vulgate*, comprit, le premier, que les textes ont une signification culturelle à la fois symbolique et proprement historique. Le concept de l'identité historique, clairement formulé, date peut-être de Pétrarque (1304 - 1374), Florentin, poète, savant et humaniste : le premier (*il primo*), il étudia et apprécia les cultures antiques afin de restaurer, au plan culturel, moral, et même politique, ce qu'il appelait *Italia mia* ("mon Italie"). A juste titre, Pétrarque est considéré comme le "père fondateur" de la Renaissance humaniste. Philippe de Commynes (1445 - 1509) pensait que l'histoire avait des leçons à offrir. Dans ses récits, il fait des observations politiques et psychologiques originales. L'histoire sociale, économique et psychologique a une longue tradition en Europe, inaugurée peut-être par Ph. de Commynes. Martin Luther (1483 - 1546) a discuté, avec finesse et justesse, les problèmes de la traduction (de la Bible en allemand) : "ces ânes" se soucient du latin littéral, au lieu de considérer l'allemand tel que la mère le parle à la maison, les enfants dans la rue, l'homme du commun au marché. C'est l'allemand véhiculé ou vernaculaire qui doit être suivi dans le travail de traduction, car il est compris partout, et de tout le monde.

Sens de l'histoire, charge symbolique, culturelle et historique des textes (écrits ou oraux recueillis), la conscience nationale confortée grâce à l'étude et au questionnement du passé, les forces sociales, économiques et politiques dans l'histoire (la "longue durée"), langue, traduction et histoire, ce ne sont pas des "champs de recherches" nouveaux, datant de nos jours, et que des africanistes incompétents croient qu'ils sont encore trop élevés pour les intelligences afrocentristes.

Heinrich Bebel (1472 - 1516), humaniste allemand, ami d'Erasme et de Reuchlin, poète, premier professeur de rhétorique à l'Université de Tübingen à partir de 1497, a célébré l'*héritage culturel*, en mettant l'accent, malheureusement, bien avant les Nazis, sur la supériorité de l'Allemagne (la Germanie).

Tommaso Campanella (1568 - 1639), savant dominicain (l'Ordre des Frères prêcheurs fut établi en 1216 par saint Dominique), est le premier, en Occident, à donner une formulation philosophique de l'historiographie, en tant que fondement de toutes les sciences. Diverses catégories de l'historiographie (l'art d'écrire l'histoire), histoire sacrée basée sur la théologie, histoire naturelle pour l'étude du monde matériel et du monde animal, histoire humaine pour connaître les faits et gestes (*res gestae*) du passé, histoire naturelle de toutes les nations, nécessité pour l'historien de bien connaître la géographie, la chronologie et la périodisation, fondements épistémologiques de l'historiographie (*philosophia rationalis*), voilà l'apport, immense, et combien important, de Campanella, qui fait état des débuts, des commencements (nos "origines" modernes), des progrès, des faits, des déclins, des changements (nos "mutations" modernes), etc., dans l'histoire humaine.

Les apports méthodologiques et scientifiques de Jean Bodin (1530 - 1596) et de Jean Mabillon (1623 - 1707) sont plus connus. Voltaire (1694 - 1778) a innové l'histoire des opinions, l'histoire des arts et l'histoire naturelle. Imitation, raison et langage, telle était la problématique historique de Vico (1668 - 1744), en étudiant les cycles, mouvements et retours des choses humaines, au niveau de l'histoire universelle. J. G. von Herder (1744 - 1803) a proposé, avec ampleur, une philosophie de l'histoire humaine (1784 - 1791), des origines du cosmos jusqu'au futur cosmopolite ("l'universel" de nos jours) de l'humanité. Pour Jean d'Alembert (1717 - 1783), l'histoire est le lieu de la mémoire ("les enjeux de mémoire" de nos jours), la philosophie tient de la raison, et les beaux-arts de la faculté créatrice, - l'imagination.

"Les méthodes et les questionnements en cours aujourd'hui" (Fauvelle-Aymar *et alii*) ont parfois une longue tradition :

1. *Vérité historique, sources historiques, vérification, critique, utilité et style* : Lucien, Cicéron, Quintilien, Pline, Cassiodore, Isidore de Séville, Marc-Antoine Muret (1526 - 1585), professeur au Collège de France (le Collège des Trois Langues), Campanella, Heinsius, Bodin, Bacon, etc.
2. *Histoire politique et pragmatique, causes* : Thucydide, Polybe, Tacite, Commynes, Machiavel, Hobbes, etc.
3. *Histoire culturelle* : Hérodote, Diodore de Sicile, Bodin, Pierre Droit de Gaillard, etc.
4. *Histoire philosophique* : Vico, Herder, Robertson, Voltaire, Condorcet.
5. *Histoire nationale* : H. Bebel, J. Leland, W. Camden, Fr. Hotman, etc.
6. *Sens de l'histoire* : Petrarque, L. Bruni, L. Valla, Vespasiano, etc.
7. *Idée de l'histoire* (avant R. G. Collingwood) : Pier Paolo Vergerio, Juan Luis Vives, Henry Cornelius Agrippa, Louis Le Roy, etc.
8. *Méthode historique* : Jean Bodin, Pierre Droit de Gaillard, Thomas Blundeville, Francis Bacon, Jean Mabillon, etc.
9. *Textualité historique* : langues nationales, restauration des traditions, construction de la conscience historique, problèmes de traduction, sciences auxiliaires de l'histoire, l'histoire comme un tout vital : Henry de Langenstein, Martin Luther, Martin Buger, Bede, etc.
10. *Structures, modèles, directions, utilité et philosophie de l'histoire* (cycles, dégénération, types de progrès), temporalité : saint Augustin, Chrétien de Troyes, Otto de Freising, Joachim de Flora, N. Machiavel, J. Calvin, Leibniz, Vico, Herder, d'Alembert, Condorcet, etc.

Ainsi l'histoire, depuis sa naissance, en Occident, dans la Grèce du Ve siècle av. notre ère. Toujours elle mène des enquêtes, des investigations, à la recherche de l'information documentaire ; elle décrit, analyse, opère des synthèses (provisoires ou définitives, toujours relatives) ; elle interprète et couvre tous les champs : l'antiquité, le présent, la psychologie, la sociologie, les temporalités humaines et cosmiques ; elle bâtit un sens à la vie humaine; la conscience historique, la mémoire historique et culturelle d'un peuple, d'une nation, le questionnement historique du destin humain, autant d' "utilités" de l'histoire. Archéologie (terme inventé par Dionysius d'Halicarnasse au Ier s. av. notre ère), valeurs et leçons de l'histoire, la substance de l'histoire humaine qui préoccupait tant Grégoire de Tours (538 - 594), la renaissance, l'héritage, les opinions, les mentalités sociales, les ruptures et les continuités, les émergences et les permanences, les symboles et les langages, les images et les imaginaires collectifs, l'usage de l'histoire et la condition humaine, etc., tout cela n'est pas si nouveau que cela, dans le cadre de l'historiographie générale occidentale.

Les préoccupations, les modèles et les aspirations des historiens contemporains ont de vieilles traditions historiographiques : *sed gloria primis* "alors, la gloire aux premiers" qui, à travers annales, chroniques, narrations historiques, ont permis de dégager, nettement, l'histoire de la légende, du mythe, de la fiction, du roman historique.

Toujours l'histoire, ici et là, entend s'attacher à la vérité. Mémoire culturelle et conscience historique sont des objets de valeur acquis par le travail historique. Partout dans le monde, dans l'Antiquité comme de nos jours, en Asie, en Europe, en Afrique, aux Amériques, les êtres humains cherchent à se rattacher à leur passé, le comprendre, l'interroger en fonction du présent, jouir de leur mémoire culturelle locale, développer leur conscience historique typique, s'ouvrir (en connaissance de cause) à l'histoire globale de l'humanité.

Si le "récit historique" est nécessairement un "récit à distance" - le passé est le passé -, il serait néanmoins une grossière erreur de penser que l'histoire est a-topologique, sans “position”, sans lieu de conscience et de participation: les “cartes d’identité” existent ; elles sont japonaise, chinoise, indienne, européenne, allemande, française, anglaise, américaine, africaine, etc. Il ne faut pas faire croire que l’histoire des U.S.A. par exemple est une histoire sans “position scientifique” et sans “posture idéologique”. Il ne faut pas faire croire à la mémoire collective juive contemporaine que les crimes nazis contre les Juifs européens peuvent être mués en un récit historique à distance où le Juif ne serait pas plus à sa place qu’un Chinois par exemple. Aucun africaniste n’est vraiment cultivé. Passe encore. Le pire, c’est qu’ils ne sont motivés que par la haine.

VIII

Le bavardage comme mode d'être philosophique du discours africaniste

FAUVELLE-AYMAR
CHRETIEN
Mme PERROT
TOURNEUX
A. LAINÉ
B. MIDANT-REYNES
P. VERNUS
M. ETIENNE

La colonisation de l'Afrique par l'Europe occidentale a immensément traumatisé et aliéné le passé et la mémoire des Africains. Biens que des siècles d'esclavage, toujours par l'Europe occidentale, avaient déjà ruinés. Voilà, peut-être pour la première fois dans l'histoire de l'humanité, des peuples entiers traînés dans le non-lieu historique, sans temporalités, sans connaissance de leur mémoire et de leur passé. Du coup, sans questionnements dans le présent, par eux-mêmes, et pour eux-mêmes.

Des "sciences" (coloniales) ont produit des images et des langages de mépris, de dédain, de négation, demandant à l'homme africain, noir en son phénotype, de s'oublier pour s'approprier l'histoire et la mémoire des puissances de domination et d'exploitation. Cette distance africaine avec l'histoire africaine et avec l'histoire du monde est, à proprement parler, une tragédie d'une ampleur inimaginable.

Il est difficile, angoissant, inhumain, pour un peuple, de vivre sans mémoire, sans position, sans conscience, sans temporalités de la condition humaine. L'Occident devrait commencer par assumer cette responsabilité d'avoir détruit, par le feu, par le sang, la vitalité historique des peuples africains : leur mémoire, leur conscience historique, leurs symboles existentiels, leurs religions complexes, leurs identités culturelles (richesses humaines), leurs cosmogonies, leurs arts, leurs économies, leurs sociétés. Un vol à dimension panafricaine a été commis : le vol des arts "nègres", "sauvages", "africains", "primitifs", "premiers", à l'échelle de tout le continent africain.

Toutes sortes de "réponses" africaines ont été esquissées, pour vaincre le malheur, la dépossession, la traumatisation psychologique et sociale, la tragédie, le crime occidental contre l'humanité en Afrique. L'histoire africaine saigne encore de cette énorme barbarie moderne de l'Occident.

Ces constructions africaines de l'histoire africaine par les Africains sont constamment objet d'injures par l'idéologie africaniste eurocentriste : les manuels coloniaux et les sarcasmes d'aujourd'hui, quelle différence, dans le fond ? L'Occident ne veut pas abandonner son portrait du colonisé, de l'esclave, du païen, du primitif et du sauvage. On doute, on ricane, on insulte, on ironise, on dédaigne : la gloire posthume et tardive de Cheikh Anta Diop, ses disciples incompétents en linguistique, en égyptologie, en historiographie ; le sud-afrocentrisme de Thabo Mbeki avec sa "Renaissance Africaine" ; la bantouïté de celui-ci et la négritude de celui-là ; la personnalité africaine, le panafricanisme, la solidarité africaine, tout est critiqué, honni, vilipendé. L'africanisme eurocentriste tire gloriole de ses attaques et injures contre les Africains du continent, des Caraïbes, de l'Amérique du Sud, de l'Amérique du Nord, du monde entier.

Fauvelle-Aymar, Chrétien et Mme Perrot, en chœur, réactualisent, au début du XXIe siècle, ces attaques et injures, parce que Thabo Mbeki et l'intelligentsia africaine entendent faire de ce XXIe siècle celui de la Renaissance Africaine. Alors, il faut attaquer, injurier, de plus belle, sans honte de ce qui est hideux, vigoureusement.

Fauvelle-Aymar, Chrétien et Mme Perrot, racistes et incompétents africanistes eurocentristes, font tout ce qu'ils peuvent pour salir les Africains qui travaillent pour la restauration de la mémoire culturelle et la conscience historique depuis l'Egypte pharaonique nègre.

Le *bavardage africaniste* de Fauvelle-Aymar, Chrétien, Mme Perrot et leurs amis, est d'ailleurs douteux vis-à-vis de lui-même : "Un nouvel africanisme ?", "Eve africaine ?", "Dans le troisième millénaire avec Black Athena ?", "Les Bantu : des Indo-Européens noirs ?", "Comment être juif et noir ?", "Brésil en couleur ou en noir et blanc ?", "Peut-on être afrocentriste en Guadeloupe ?", "L'*African Renaissance* en Afrique du Sud. De l'utilité ou de l'utilisation de l'histoire ?". Ces points d'interrogation, nombreux, que signifient-ils ?

Le bavardage africaniste est fondamentalement dissimulateur. Il joue avec la vérité historique et la cache derrière des formulations ampoulées ; que charabia, bien souvent : "que penser de ces Wolof, de ces Sérères (...) déjà dotés d'une *wolofitude* et d'une *sérèritude* éternelles" ? (p ; 34, de l'article de Fauvelle-Aymar, "Cheikh Anta Diop, ou l'africaniste malgré lui"). Fauvelle-Aymar, ou Wolof et Sérère malgré lui. *Wolofitude* et *sérèritude*, mots inventés par Fauvelle-Aymar, en sa haine néo-coloniale, imitant servilement la grammaire de Senghor ou la puissance poétique de Césaire.

Ce qui s'offre aussi dans le *bavardage africaniste*, outre le charabia, c'est la haine : "Cette unité (de l'égyptien et des langues africaines modernes) est acquise depuis qu'elle a été pratiquement ratifiée par des archéologues (i.e. égyptologues, archéologues, philosophes et grammairiens) au fameux colloque égyptologique organisé par l'Unesco au Caire en 1974" (p. 80, contribution de Tourneux).

Fameux, en effet, ce colloque qui avait réuni S. Sauneron, J. Leclant, Vercoutter (France), T. Säve-Söderbergh (Suède), P. L. Shinnie (Canada), W. Kaiser (Allemagne), Mme J. Gordon-Jacquet (U.S.A.), F. Debono (Malte), L. Habachi (Égypte), R. Holthoer (Finlande), G. Mokhtar (Egypte), L. Kakosy (Hongrie), A. M. Abdalla (Soudan), C. A. Diop (Sénégal), etc. Les positions africaines, au cours de ce célèbre colloque international, furent concluantes : les africanistes incompétents peuvent jaser tant qu'ils voudront, mais avec ce colloque historique ils ne peuvent pas jouer, ces haineux africanistes, à Jacques a dit.

La vérité, sûre, vérifiable, évidente, est que le *bavardage africaniste* n'est que pur charabia. Lisons : "*Ce faisant, on fera* le point des connaissances actuelles et des incertitudes" (p. 104, contribution d'une certaine Agnès Lainé). Il faut bien se couvrir d'une agneline pour *faire* le point, *ce faisant*, des incertitudes !

Agnès Lainé, loquace, dans un français incompréhensible : "Insister sur *l'ancienneté* de la divergence généalogique entre les groupes "raciaux" est *une façon très ancienne*, *comme* on l'a vu plus haut, de mettre en exergue leurs différences, la "distance" qui les sépare, *comme* on commençait à dire après les travaux des généticiens" (p. 109, contribution de Agnès Lainé). Il y a tout de même des limites dans le mal-écrire de sa propre langue, au niveau universitaire et scientifique, surtout si l'on entend donner la leçon du "pointillisme", cher à Fauvelle-Aymar, aux afrocentristes coloniaux.

Béatrix Midant-Reynes entend épater ses amis africanistes par des phrases à l'emporte-pièce qui, pourtant, n'impressionnent pas du tout :

– “S’il est bien une question qui se trouve au cœur du problème identitaire, c’est celle des origines” (p. 150, contribution de cette archéologue). C’est bien *une* question (parmi d’autres), ou la question fondamentale ? La question des origines se trouve au cœur du problème identitaire : sinon, elle se trouverait où ? Dans le silo à céréales africaniste ! Est-ce que les problèmes ont un cœur ?

– “Dès ses origines, la civilisation égyptienne est égyptienne dans son berceau africain, car elle reflète un génie qui lui est propre” (p. 165). Voilà qui est bien pensé, mais mal dit (“la civilisation égyptienne est égyptienne” : sinon, elle serait quoi, si elle n’était pas ce qu’elle est). La Palice est resté célèbre (en mal) dans la littérature française à cause de ce genre de truismes (à éviter, quand on pourfend les idéologies).

Pascal Vernus commence sa dissertation linguistique par un truisme génial : “L’égyptien n’est pas une langue isolée”, et d’ajouter, en notes : “H. Tourneux a pris la peine de relire cette étude et m’a fait de profitables suggestions” (p. 169, contribution de cet égyptologue, philologue et linguiste). Peine perdue, car l’étude contient de nombreux contre-sens linguistiques. Mais, peut-être, Henry Tourneux n’est-il pas plus compétent en linguistique que Pascal Vernus. L’égyptien n’est pas une langue isolée : pourquoi le serait-il ? Combien de “langues isolées” Vernus connaît-il “dans les langues du monde”, puisqu’il situe bravement l’égyptien dans le contexte linguistique mondial (à ce qu’il prétend) ?

Pascal Vernus parle avec assurance sur des faussetés : l’égyptien présente des affinités avec d’autres langues : “en premier lieu, *bien sûr*, avec les langues sémitiques et berbères, parlées dans l’environnement immédiat de l’Egypte” (p. 169). C’est faux : les langues ne sont apparentées par le simple fait de leur voisinage immédiat, bien sûr ! L’accadien et le hittite, tout comme l’ugaritique et le hittite, étaient parlés dans un même environnement immédiat, au Proche-Orient : l'accadien et l'ugaritique sont des langues sémitiques, le hittite est indo-européen. Il n'y a pas de parenté, non plus, à cause du simple voisinage, entre l'élamite et le hourrite, pourtant en contact (voir Emmanuel Laroche, *Glossaire de la langue hourrite*, Paris, 1968 ; et E. A. Speiser, *Introduction to Hurrian*, New Haven, American Schools of Oriental Research, 1941 : "Of the ancient languages of the Near East, Elamite was the first to be compared with Hurrian. Today it is necessary to deny the existence of a direct relationship between the two", p. 10).

L'idée d' "environnement immédiat" a conduit Pascal Vernus à faire un énorme contre-sens à propos du terme linguistique technique "isoglosse". Le "chamito-sémitique" ou l' "afroasiatique" n'est pas une donnée immédiate de l'environnement, mais une construction de la linguistique historique. Ce n'est pas l'environnement géographique qui crée le "chamito-sémitique". C'est la science linguistique qui fait la preuve et la démonstration du "chamito-sémitique". Henry Tourneux, lui, pense que la parenté entre deux ou plusieurs langues est prouvée par le fait d'éviter "une bibliographie affligeante" (p. 80). Environnement et bibliographie, deux techniques africanistes, pour prouver la parenté des langues : c'est très nettement insuffisant. Je ne gonfle pas la bibliographie pour paraître "savant", "érudit", avec de la misérable littérature africanistique. La bibliographie de Vernus est abondante (12 pages, pp. 197-208), mais sa "démonstration" est nulle.

Pascal Vernus se fait physiologiste : "Dans les dernières décennies de ce millénaire, *un sang nouveau* a été apporté au comparatisme chamito-sémitique ou afroasiatique..." (p. 170) : et si c'est un sang contaminé ! Le chamito-sémitique est toujours inexistant, parce que jamais reconstruit. Il faudra d'autres médecins et d'autres sangs ! Et peut-être d'autres malades "chamito-sémitisants" !

Lorsque Vernus, avec raison, constate que le chamito-sémitique, comparé au domaine indo-européen, est encore simple hypothèse de travail, Jean-Pierre Chrétien se tait, sans doute au nom de l'amitié. Dans mon cas, Jean-Pierre Chrétien, ironise et joue du xylophone : "Les Bantu : des Indo-Européens noirs" ? (pp. 271 - 293). Dans sa haine raciste, Chrétien me refuse de tirer bénéfice du "développement" et de la "sophistication" des études indo-européennes. Ce n'est pas interdit de le faire, sauf par les racistes du nouvel africanisme.

Vernus ignore certainement que la question de la "profondeur historique", évoquée à plusieurs reprises (pp. 171, et sv.), a déjà été résolue par F. de Saussure : une langue humaine parlée a une tradition orale indépendante de l'écriture. C'est-à-dire que le hausa (haoussa) par exemple, même actuel, moderne, est ancien en sa tradition et qu'il n'a pas changé à cause de cette tradition et qu'il ne changera pas de tradition linguistique jusqu'à son extinction. Autrement dit, le chinois ne pourra jamais évoluer au point de devenir le japonais ou autre chose que le chinois. Le grec ancien est devenu le grec moderne, mais pas le turc ou le latin, jamais autre langue que le grec lui-même, jusqu'à la fin des temps, si le grec parlé peut y parvenir. On peut constituer des "proto-états" des groupes ou des sous-groupes. On peut comparer directement (ce que fait d'ailleurs Vernus) des états de langue. Dans les deux cas, le résultat ultime doit être le même, si jamais la parenté des langues comparées existe réellement. Ce résultat ultime, c'est la reconstruction du parent postulé. Il n'y a pas deux sémitiques communs, mais un seul. Il n'y a pas deux indo-européens, mais un seul (revu, corrigé, amélioré, peaufiné, etc.). Ces vues théoriques et méthololodologiques justes échappent presque complètement à Vernus, et complètement aux africanistes, anciens et modernes, tous eurocentristes et foncièrement racistes.

Vernus écrit dans la plus totale confusion des méthodes : "La reconnaissance d'une communauté linguistique chamito-sémitique ou afroasiatique, de quelque nature qu'elle soit (génétique, aréale, ou sans doute l'une et l'autre) repose sur quelques isoglosses" (p. 172).

La linguistique comparative de nature génétique, je comprends. C'est la *parenté linguistique génétique*, d'ordre historique : on compare, on instruit, on analyse, on explique, on argumente et, finalement, on reconstruit. Mais qu'est-ce la linguistique comparative de nature aréale ? Pourquoi faire blinquer l'ignorance avec un vocabulaire qui ne signifie techniquement rien en linguistique ? Je suppose qu'il s'agit de *la parenté linguistique typologique*. C'est égal pour Vernus : on fait l'une et l'autre linguistiques en se fondant sur quelques "isoglosses". Jamais un linguiste n'a poussé aussi loin la confusion scientifique.

C'est ainsi que toute la prétendue démonstration de Vernus n'est d'aucune linguistique comparée, ni historique, ni typologique : la linguistique des isoglosses qui relève de la géographie linguistique et que Vernus ne fait même pas, car le mot "isoglosse" est doté d'une signification (non explicitée) qui n'existe que par Vernus et pour Vernus. C'est le comble de la confusion méthodologique.

Marc Etienne comprend les choses en dormant : "L'Egypte est africaine par sa localisation géographique. Cette africanité n'a jamais été niée (...). Attribuer à Cheikh Anta Diop la paternité de l'idée de l'africanité de l'Egypte est donc inexact" (p. 211). C'est toute l'Egypte qui appartient à l'Afrique et aux Africains : le pays, la civilisation, l'héritage culturel, la langue, la pensée, l'écriture, la philosophie, les arts, les monuments, les sciences, les spiritualités, les momies. Tout, tout le référent culturel pharaonique, absolument. Et rien ne pourra plus jamais détourner les Africains de cette vision de leur histoire continentale : les anciens Egyptiens, responsables de la civilisation pharaonique, des balbutiements à la fin des dynasties indigènes, étaient des Noirs Africains comme tous les autres Noirs Africains qui ont bâti Zimbabwe, fondu le bronze au Benin, enseigné la philosophie, le droit et la grammaire à Tombouctou. Tant pis pour ceux qui en rougiront. Les racismes politiques, économiques, culturels, sociaux, ne doivent plus encombrer les rapports entre les humains.

Le mensonge n'est pas bon. Or, Marc Etienne ment constamment. Voici une accusation grave : "La conférence du Caire de 1974, à laquelle il est constamment fait référence d'une façon quasi hagiographique, n'a pourtant été qu'une étape dont les conclusions, aux accents tiers-mondistes marqués, apparaissent toujours comme définitives et n'ont jamais été ni contestées ni actualisées par les afrocentristes". (p. 215 ; contribution de cet auteur).

Marc Etienne ment : (a) le rapport du colloque du Caire a été écrit par un professeur de la Sorbonne, agrégé d'histoire, docteur d'Etat ès-lettres et sciences humaines, ayant même enseigné à Dakar et fait des fouilles archéologiques en Afrique de l'Ouest. Les "accents tiers-mondistes marqués" ne sont pas le fait des Africains dits "afrocentristes" ; (b) les conclusions de ce rapport du Colloque du Caire sont constamment actualisées. Et la revue ANKH que Marc Etienne et sa hiérarchie interdisent de vendre à la Librairie du Louvre, par racisme déclaré et vécu.

Voilà le racisme à l'œuvre au Musée du Louvre, à Paris : on interdit formellement la vente d'une revue de recherche africaine, selon des procédures inhabituelles. Voilà le racisme des égyptologues eurocentristes à l'œuvre, au sein d'une institution républicaine et publique. Voilà le racisme qu'encouragent Fauvelle-Aymar, Chrétien, Mme Perrot, Mme Midant-Reynes, Vernus, Marc Etienne et tous les racistes qui s'agitent, en vain, autour de l'immense travail des Africains, pour retrouver leur mémoire collective et historique.

Hier, les eurocentristes racistes niaient purement et simplement l'histoire africaine. Aujourd'hui, ils critiquent, toujours à l'unisson, le "néo-africanisme", le "nouvel africanisme", l' "afrocentrisme" des Africains. Dépassés, jaloux, incomptétents, ils entendent semer néanmoins la confusion auprès du grand public et des étudiants en formation. Ils mentent, caricaturent, font des amalgames incroyables et des procès d'intention regrettables.

Bien sûr, les intellectuels africains ont leurs divergences, leurs querelles, leurs débats, leurs désaccords. C'est moins grave que les compromissions avec les africanistes eurocentristes et racistes. La ligne de démarcation doit être nette : d'un côté les ennemis de l'Afrique qui conseillent la "prudence", c'est-à-dire l'abandon, le compromis à l'avantage des forces qui dominent l'Afrique et œuvrent pour son retard socio-économique, son hibernation historique ; de l'autre côté, tous les Africains, rassemblés dans un immense mouvement planétaire, pour en finir avec le mépris, le dédain, le racisme, le mensonge.

L'africanisme eurocentriste et raciste gît, les yeux révulsés, le visage pâlichon. Il lutte contre la mort. Ses derniers sursauts risquent d'être d'une virulence indescriptible. Tout est mauvais, indigne de l'histoire : Cheikh Anta Diop et ses disciples, Thabo Mbeki et son sud-afrocentrisme, Alioune Diop qui a installé un quiproquo à Paris d'après son pourfendeur Jean-Pierre Chrétien. Pourquoi ces attaques systématiques contre Molefi K. Asante qui "occupe une place centrale dans cet enthousiasme nationaliste et culturel des Noirs américains contemporains qu'on appelle l'afrocentrisme" (Clarence Walker, p. 65) ?

A bien y voir, il s'agit de l'écroulement des derniers remparts de l'africanisme eurocentriste et raciste. Cela fait peur aux africanistes. Cela doit réjouir les Africains. Mais ce qui doit réjouir davantage les Africains, c'est la construction du nationalisme africain, du panafricanisme, de la Renaissance Africaine, de l'Unité et de la Solidarité africaines. Sinon, le discours africaniste n'a plus aucun effet, aucun impact, aucune influence sur le continent africain, auprès de la Jeunesse africaine.

Debout, peuple noir, ici et là, dans le monde : tu peux accomplir ce que ton bon vouloir souhaite, désire, ambitionne, car tu as de la majesté !

Pour le reste, la hargne des africanistes rend toujours valables ces paroles de Marcus Garvey (1887 - 1940), le Jamaïcain :

"History is written with prejudices, likes and dislikes ; and there has never been a white historian who ever wrote with any true love or feeeling for the Negro". (cité par Shawna Maglangbayan, *The Black Handbook*, Chicago, Third World Press, 1975, p. 13).

Traduction : "L'histoire est écrite avec des préjugés et des préférences (i.e. ce que l'on aime et ce que l'on n'aime pas) ; et il ne s'est jamais trouvé un historien blanc qui ait jamais écrit (l'histoire africaine) avec quelque vraie affection ou sympathie pour le Nègre".

IX

Que les africanistes méditent sur le cas de Churchill et leur propre Europe

Que pensent les africanistes Fauvelle-Aymar, Chrétien, Mme Perrot et Copans de l'exemple de Sir Winston H.S. Churchill (1874 - 1965), Premier ministre anglais de 1940 à 1945, et encore de 1951 à 1955, lauréat du Prix Nobel de littérature 1953 ?

Churchill, très attaché à la langue et à la production littéraire anglaises, européaniste de grande conviction, l'un des promoteurs de l'idée de la Renaissance européenne au sortir du désastre de la Deuxième Guerre mondiale, est-il coupable d'idéologie, de nationalisme, d'usage historique pour la grandeur de l'Europe dans le monde ?

Fauvelle-Aymar, Chrétien, Mme Perrot et Copans condamneront Churchill et de Gaulle, le premier pour son nationalisme britannique, et le deuxième pour son idéologie de la grandeur et de la souveraineté de la France; tous les deux, à coup sûr, pour leur conviction européenne. Mais ils approuveront David Ben Gurion, arrivé en Palestine en 1906, et créateur de l'Etat d'Israël le 15 mai 1948. Conseillé par le chimiste Ernst David Bergmann, le Premier ministre Ben Gurion vivra avec l'idée d'une puissance nucléaire d'Israël. Shimon Peres fera du rêve de Ben Gurion une réalité.

Churchill se fait une image autre de l'Europe, unie et prospère, à cause de sa réflexion sur les ruines de la guerre. Ben Gurion, Ernst David Bergmann et Shimon Peres pensent doter l'Etat d'Israël de la force nucléaire au sortir du nazisme, tirant des leçons de l'Holocauste. Mais Cheikh Anta Diop, idéologue, afrocentriste, nationaliste, panafricaniste, ingrat ex-colonisé, etc., agit mal en travaillant pour la restauration de la conscience historique et la mémoire collective africaines ; pour l'Unité Africaine et la Renaissance africaine dans le monde contemporain.

Ce qui est bon pour Fauvelle-Aymar et Vernus, l'Etat d'Israël doté d'une puissance nucléaire, ce qui est victorieux pour Chrétien, Mme Perrot et Copans, l'Europe unie économiquement dans le contexte de la mondialisation ou globalisation, est également bon pour nous, Africains modernes. Mais ce qui est bon pour nous, l'héritage historique et culturel africain assumé, la Renaissance Africaine, devient préoccupation africaine démoniaque pour Fauvelle-Aymar, Vernus, Midant-Reynes, C.-H. Perrot, Marc Etienne, Jean Copans, Chrétien, Tourneux et leurs petits amis parisiens. Ils polluent leurs enseignements par des attaques personnelles contre tous les chercheurs africains qui ne pensent pas comme eux. Mais leurs ouvrages montrent qu'ils sont nuls en matière d'histoire et de linguistique africaines.

Le débat n'est donc pas d'être contre l'Europe et les Européens, contre les Blancs, en développant un “racisme à rebours”, comme ces pâles africanistes veulent l'insinuer. Non, catégoriquement. Nous combattons la nullité, l'incompétence, la haine, le parti pris, la barbarie et les accusations absolument gratuites de Fauvelle-Aymar et de sa parentèle africaniste eurocentriste raciste. Nous combattons le bavardage de femmes et d'hommes qui n'ont que propos envieux, haineux, mensongers pour l'Afrique et les Africains. Nous combattons ceux qui combattent la Renaissance Africaine. Les enjeux de l'histoire, nous les connaissons aussi : la traite négrière par l'Europe entière, la colonisation, la destruction des structures et des superstuctures, le travail gratuit pendant plus de quatre siècles dans des conditions inhumaines imposées par d'autres êtres humains. Nous connaissons l'arrachement, l'exil, la déportation, la mort, la pendaison, le voyage impossible dans des cales ténébreuses de navires négriers... Elles aussi, ruines, comme celles des récentes guerres européennes ; elles aussi, immenses souffrances, comme celles nazistes subies par les Juifs européens. Mais, voilà : cette permanente caricature africaniste de l'effort africain, cette ambition lancinante de toujours dominer l'Afrique et les Africains. C'est cela le complot, réel, avec le néo-africanisme de Fauvelle-Aymar qui ne connaît que charabia et discours vide, mi-freudien mi-derridien, dans l'impossibilité de se formuler distinctement. Je doute que Fauvelle-Aymar puisse vraiment réfléchir, car il a des idées toutes faites sur l'Afrique et les Africains. Ce n'est pas lui qui fera de fausses joies aux Africains. L'africanisme est un magasin de farces et attrapes. Tous les africanistes sont de la même farine.

Mais il vaut mieux suivre les exemples de grands esprits qui ont su interroger les temporalités historiques. Churchill est de ceux-là.

Le 10 mai 1946, à l'Université de Leide (Leyden), aux Pays-Bas, Churchill déclarait qu'il a toujours été opposé à la tyrannie. Sous quelque forme que ce soit, la tyrannie reste la tyrannie. L'Afrique ne peut pas se développer dans les guerres civiles, les tyrannies politiques, les manquements criards aux droits humains les plus élémentaires. Voici un passage caractéristique du discours de Churchill : “I am opposed, and always have been, to tyranny in every guise. It makes no difference to me what dress it wears, what slogans it mouths”. (Robert Rhodes James, édit., *Winston S. Churchill. His Complete Speeches 1897 - 1963*, vol. VII, 1943 - 1949, New York et Londres, Chelsea House Publishers, 1974, p. 7323).

Churchill, parlant d'éducation, le 26 février 1946, à

l'Université de Miami, aux U.S.A., reprenait à son compte le mot prêté à Bismarck (1815 - 1898), créateur et Premier chancelier de l'Empire allemand (1871 - 1890) : le fait le plus important dans le monde contemporain est la langue anglaise, aujourd'hui en effet répandue dans le monde entier (depuis, l'homme a parlé anglais sur la lune). En conséquence, Churchill recommandait vivement la connaissance du patrimoine littéraire écrit en anglais : qu'il fallait respecter, chérir, en profiter et développer, de génération en génération, pour le bien des locuteurs natifs et du reste des locuteurs dans le monde. Cette langue, ses œuvres littéraires les plus remarquables, ont en elles "notre conception de la justice, de la liberté, du fair play et notre bon humour qui peuvent constituer de précieuses contributions au progrès futur de l'humanité".

Le legs littéraire et culturel britannique était donc considéré par Churchill comme une force de progrès, un puissant instrument de développement, une contribution majeure au patrimoine de l'humanité entière. Quelle belle idéologie, absente des cartons africanistes de nos jours ! C'est dommage. Mais nous, Africains, nous ne tiendrons pas compte des mises en garde académiques et racistes de Fauvelle-Aymar et de ses amis, ennemis presque jurés de l'Afrique (malgré les promotions reçues à cause de l'Afrique et des Africains, de leurs civilisations et langues, depuis l'Egypte pharaonique !).

Déjà, le 12 novembre 1945, à l'Institut de France, à Paris, Churchill invitait de façon spéciale la France à apporter son génie dans la construction de l'Europe : une Europe nouvelle, plus heureuse, se dressant un jour, glorieuse, au-dessus des ruines qui sont aujourd'hui les nôtres. En somme, une Europe débout, fière, neuve, rayonnante, capable de transcender ses divisions, ses différences, ses ruines de la guerre.

Cet espoir de Churchill, faisant appel à la créativité française dans la construction de l'Europe, c'est de l'idéologie, ronronnent Fauvelle-Aymar et sa méchante troupe d'africanistes, tous sexes confondus.

Mais citons explicitement Churchill : "And in this noble effort the genius, the culture and especially the power of France should play its true and incontestable role". (Robert Rhodes James, *op. cit.*, p. 7248).

Génie, culture et puissance de la France, pour prendre part au noble effort de la construction d'une Europe rénovée, est-ce vraiment idiot de le penser, de le souhaiter, de le croire ? Nos africanistes répondront par l'affirmative, avec leurs philosophies nihilistes.

Comment la dame Lydia Samarbakhsh-Liberge qui n'a aucune formation intellectuelle appréciable et, peut-être, sur le conseil de Claude-Hélène Perrot (elle, spécialiste des traditions orales africaines, mais sans connaître le moindre idiome nègre, et comment en serait-il ainsi, marraine de guerre africaniste !), peut-elle, sans pudeur, parler de la Renaissance africaine comme d'un afrocentisme sud-africain ? Cette dame chercheuse de représentations historiques en Afrique du Sud depuis la fin de l'apartheid a la marotte des mots magiques et prophétiques : "D'aucuns (Fauvelle-Aymar et autres) prédisent la disparition prochaine" du discours de la Renaissance africaine (p. 398, de l'ouvrage édité par Fauvelle-Aymar, Chrétien et Mme Perrot).

La Renaissance africaine n'a pas besoin des services de Lydia Samarbakhsh-Liberge. On lui donnera une marquise au chocolat pour manger. Et qu'elle ne prophétise plus, de grâce, sur les prochains malheurs du continent africain. L'Afrique a des sorcières beaucoup moins fumistes.

Et pourtant, Churchill, avisé, patriote, européaniste, était fort soucieux de la Renaissance européenne, pour "faire revivre les gloires anciennes de l'Europe et permettre à cet illustre continent de reprendre, dans une organisation mondiale, sa place de membre indépendant et se suffisant à lui-même" (Churchill, discours sur l'Europe unie, prononcé le 12 août 1949, à Strasbourg, Place Kléber, directement en français. Robert Rhodes James, *op. cit.*, p. 7836).

Faire revivre les anciens héritages européens, considérer son propre continent comme une masse géographique et humaine illustre, assigner de nouveau un destin mondial à l'Europe, jouissant de son indépendance et de son économie, voilà les objectifs épinglés par Churchill, explicitement, pour la Renaissance européenne. En Afrique, Lydia Samarbakhsh-Liberge, prophétesse de nulle inspiration, fait état d' "une certaine confusion" à propos de la Renaissance africaine, alors que les objectifs sont des plus clairs qui soient. Qu'importe.

Les objectifs européens, identifiés par Churchill, c'est le chemin de l'histoire, le chemin de la prospérité et le chemin de la liberté : chemins convergents, chemins uniques, chemins d'Europe, pour la Renaissance européenne.

Churchill parle bien de renaissance et utilise le mot : "Ainsi, non seulement nous trouverons le chemin de *la renaissance*, et de la prospérité de l'Europe, mais en même temps nous nous protégerons nous-mêmes contre tout risque d'être piétinés, d'être écrasés par n'importe quelle forme de tyrannie totalitaire". (12 août 1949. R. R. James, *op. cit.*, p. 7837. Souligné par moi).

Renaissance et prospérité de l'Europe ne vont pas sans sécurité de l'Europe (se protéger soi-même). Pour Lydia Samarbakhsh-Liberge, faire état de la libération africaine, de la sécurité africaine, de la renaissance de ce continent aux multiples et puissants héritages culturels et historiques, c'est de "la rhétorique de la Renaissance africaine". Qu'elle garde donc ses graffiti africanistes pour elle. Le moindre petit chercheur européen africaniste doit nécessairement parler en termes de dédain des problèmes africains. C'est incroyable.

Est-ce que l'idée de renaissance européenne a conduit

Churchill au mépris des autres, à l'arrogance nationaliste, et au refus d'un dialogue international ? Pas du tout. Ecoutons cet homme de vision et de lucidité : "Pour ma part, je ne suis l'ennemi d'aucune race et d'aucune nation du monde" (R.R. James, *op. cit.*, p. 7837).

Fidélité première et sacrée à son propre pays, sentiment plus vaste de l'unité européenne, conscience du rôle à jouer dans une organisation mondiale (les Nations-Unies fondées en 1945 pour promouvoir la paix et le développement économique) et, bien évidemment, respect des autres (races ou variétés biologiques humaines, nations, héritages historiques et culturels), dans le monde. Voilà qui est sain, vigoureux, fraternel.

Nous aussi, Africains, nous voulons nous dresser, libres, indépendants, dans la grande lumière du jour, pour mieux aimer l'Afrique et le monde, tous les hommes et toutes les femmes de l'espèce *Homo sapiens*. La Renaissance africaine, pas plus que la Renaissance euroréenne ou la Renaissance chinoise, n'est pas un projet contre d'autres "races" et d'autres nations.

Que les africanistes cessent donc de mélanger poires et pommes pour paraître plus intelligents qu'ils ne le sont en réalité.

Que les africanistes cessent d'induire leurs hommes et femmes politiques dans l'erreur, en pondant des ouvrages d'une médiocrité sans limite. Qu'ils cessent aussi, ces dames et messieurs africanistes, d'abuser de la curiosité intellectuelle saine des jeunes de leurs pays, en quête de connaissances, utilisables, sur l'Afrique et les Africains. Il est acquis que les étudiants africains en formation doivent déserter, sans façon, tous les cours et enseignements africanistes. Ils ne doivent plus le faire par mégarde. Ils sont désormais sérieusement avertis. Il vaut mieux suivre les cours de Bourdieu que ceux, insipides et racistes, de Chrétien, l'Africaniste parisien.

Nous ne crions pas à la perfection africaine. La

recherche, toute recherche sérieuse, est difficile. Aucun débat, dans des conditions appropriées, n'a jamais été évité. Mais nous estimons que les problèmes que nous affrontons sont essentiels pour nous : la conscience historique, la mémoire collective, le rassemblement des énergies pour lutter contre la misère, l'angoisse, la maladie, la pauvreté, l'ignorance, l'injustice sociale, la discrimination, etc. Nos méthodes de travail, de recherche, de connaissance, d'explication analytique, synthétique, dialectique, rationnelle, symbolique, comparative, contextuelle, globalisante, holistique, interdisciplinaire, multidimensionnelle, etc., sont des acquis scientifiques qui font partie, désormais, du domaine public. Nos interrogations ne peuvent être monnayées. Elles sont aujourd'hui cristallisées dans le concept de “Renaissance Africaine”, espoir d'une grande Afrique unie et forte, travaillant pour elle-même et pour l'humanité entière.

Conclusion

Les africanistes doivent réaliser, même si c'est douloureux pour eux, qu'ils ont perdu tout pouvoir et tout contrôle sur les élites africaines pourtant éduquées et formées par eux. C'est ainsi la vie. Il faut s'y faire.

Nous combattons le diktat intellectuel, l'hégémonie culturelle, l'arrogance humaine des africanistes, qui ne connaissent pas plus l'Afrique et ses problèmes que les Africains eux-mêmes. Nous combattons le sentiment de supériorité des africanistes, éternels donneurs de leçons. Surtout, leur racisme, apparent ou caché.

Nous refusons catégoriquement les qualificatifs de mépris, de dédain, de non-respect que les africanistes ne cessent d'inventer pour les coller, par la force, à notre existence : hier "primitivisme", aujourd'hui "afrocentrisme". La dignité africaine demande de parler de "Panafricanisme", d' "Unité africaine", de "Renaissance africaine", sans caricature. Ce sont des idéaux, des objectifs politiques, économiques, culturels, historiques jugés bons et nécessaires par nous et pour nous.

La position même des études africanistes est incompréhensible, car tout est jugé négativement : l'unité culturelle de l'Afrique noire, expression historiographique inventée par Cheikh Anta Diop, est évaluée comme "scientifiquement" incorrecte; la conscience historique africaine, il ne faut surtout pas en parler ; la Renaissance africaine, c'est de la démagogie et de la simple ruse politicienne. Quant à l'Egypte pharaonique, en terre africaine pourtant, elle tournaille les esprits africanistes dans tous les sens : "terre de carrefour", "terre de métissages", "terre sémitique africaine", etc. D'où la création d'un objet linguistique qui n'a jamais été prouvé, scientifiquement : le "chamito-sémitique", ou l' "afroasiatique", ou encore l' "afrasian", etc. Nous déclarons, en toute objectivité, qu'il est radicalement impossible d'établir une parenté historique, d'ordre génétique, entre les langues sémitiques, les parlers berbères, l'égyptien et le copte. C'est-à-dire de construire leur ancêtre commun prédialectal qui serait précisément le "chamito-sémitique". C'est impossible. Et personne, ayant pris le risque de le faire, n'a jamais réussi l'épreuve du "chamito-sémitique", selon les règles et méthodes scientifiques de la linguistique historique, même adaptées à des situations linguistiques particulières. Le mensonge africaniste doit mourir.

A part une attitude raciste, quel mal y a-t-il à reconnaître la vérité, sauve : l'Egypte pharaonique africaine est une civilisation bâtie par des Noirs Africains, dans la Vallée du Bas-Nil ; la langue égyptienne est génétiquement apparentée aux autres langues négro-africaines, anciennes et modernes ; les Antiquités pharaoniques, égypto-nubiennes globalement, constituent les fondements des études africaines, de nos jours ; cette Egypte pharaonique africaine et nègre est l'un des grandioses patrimoines culturels de l'humanité ; le projet d'un dialogue culturel planétaire, vivant, respectueux de tous les héritages de l'histoire, peut conforter la communauté humaine mondiale de demain ; l'ouverture cosmique contemporaine, de systèmes solaires en systèmes solaires, de galaxies en galaxies, présente encore plus magnifique et plus glorieuse la marche de l'Homme dans l'univers. Et cependant, la maîtrise de la Nature et de ses éléments, déjà effective en partie, mais largement bénéfique, renvoie l'Homme à lui-même, à sa biologie, à sa psychologie, à sa sexualité, aussi à sa fragilité ;

également, au droit et à la justice, à la concorde. Le bonheur est recherché par tous, pas nécessairement pour tous. La paix mondiale, voulue perpétuelle, est en chemin, sans doute pour plus d'épanouissement humain.

La globalisation ou mondialisation, la Renaissance africaine, les débats internationaux, la paix à instaurer ici, la guerre à arrêter là, le dialogue à promouvoir ici et là, partout, au nom de certaines valeurs partagées par les uns et les autres, demandent plus de courage et de lucidité. Dans ce contexte général de la situation actuelle du monde, les Africains ne se lavent pas les mains.

C'est le tort, immense, de l'africanisme eurocentriste et foncièrement raciste de perpétuer, parfois avec l'aide d'intéressants crédits publics, le mépris, le dédain, l'arrogance, le mensonge, la caricature, la falsification, le jugement massif et sans recours, à propos des matières et des sujets qui dépassent, généralement, le niveau culturel des africanistes. C'est la politique de l'intimidation pour de l'intimidation. Mais inutile de demander son nom à Monsieur et Madame Tartempion.

Pour eux, les africanistes, l'ironie ; pour nous, Africains, la vie : la vie qui est là, pressante, avec des tâches multiples, aussi urgentes les unes que les autres. Pour eux, les africanistes, c'est le passe-temps, la carrière universitaire, la promotion ; pour nous, Africains, c'est la construction de notre présent, la vision de notre futur. Pour eux, les africanistes, c'est le dogme de l'infériorité du Noir; pour nous, Africains, c'est une question de dignité humaine.

Seul le temps jugera. Hegel reprenant Hume à propos de l'infériorité morale, intellectuelle, scientifique, philosophique du Noir : quel poids et quelle valeur aujourd'hui ? Raymond Mauny et Jean Suret-Canale, travertissant les ouvrages de Cheikh Anta Diop : quel impact et quelle importance aujourd'hui ? Les africanistes vendent des œufs treize à la douzaine. Ce serait intéressant s'ils ne mentaient et si les œufs n'étaient pas pourris.

Dans tout ce “débat” qui n’en est pas un, les intellectuels africains, “afrocentristes”, “nationalistes”, “chauvinistes”, “partisans”, etc., ont néanmoins fait prendre à l’africanisme un tournant : “Ils vont lire, ces sales Négrillons, ces disciples fanatiques de leur idole posthume, il faut donc faire un peu attention”. Faites plutôt beaucoup attention. Les choses ont changé. Voici que les intellectuels africains guérissent la psychologie fondamentalement viciée des africanistes. C’est l’une des victoires souhaitées, pour le bien de nous tous. C’est le sens de la lutte contre l’africanisme qui doit rendre son âme, pour le salut de nous tous.

Mais il faut que l’on comprenne bien les enjeux essentiels. Dans cet immense univers qui est le nôtre (planètes, étoiles, galaxies), la civilisation émerge et se présente comme ce que l’être humain a créé de beau et d’exceptionnel : l’art, la littérature (au sens large) et la science. Le concept qui désigne et résume, aujourd’hui, le meilleur accomplissement de la civilisation humaine est : la méthode scientifique. Nous connaissons la composition intime de la matière grâce à cette méthode. Elle nous apprend également que la Nature est gouvernée par quatre forces fondamentales.

Dans des circonstances et des conditions appropriées, des Noirs d’origine africaine ont su, sur le continent ou en dehors de celui-ci, créer de façon grandiose des arts (sculpture, architecture pyramidale et monumentale, musiques de toutes formes, universellement appréciées ; des danses, aussi), des œuvres littéraires géniales (poésies de la Renaissance d’Harlem, de la Négritude ; romans, contes, nouvelles, etc.) et des productions philosophiques remarquables (philosophie de l’histoire, cosmogonies puissantes, etc.). Dans le domaine proprement scientifique, des Africains ont excellé, dans l’Antiquité comme de nos jours. L’Africain Américain Herman R. Branson (1914 - 1995), a introduit la théorie de l’information dans l’étude des molécules biologiques. Il fut membre de l’Université d’Hambourg en Allemagne et du Commissariat à l'Energie Atomique, Saclay, France. Le physicien Africain Américain Robert A. Ellis (1924 - 1989) fut le directeur des projets expérimentaux à "Princeton Plasma Physics Laboratory". Le physicien Africain Américain James R. Lawson a créé en 1950, avec Nelson Fuson, l'Institut de Spectroscopie Infrarouge de l'Université du Fisk ; il fut directeur de "NASA's University Affairs Office". Mme Shirley A. Jackson, une Africaine Américaine, docteur de M.I.T. (théorie de la matière condensée) a été présidente de "Nuclear Regulatory Commission" en 1995. Le physicien Africain Américain H. Ralph Lewis a travaillé à l'Institut de Physique théorique de l'Université de Heidelberg (Allemagne) et a pris activement part au projet de fusion thermonucléaire contrôlée au Laboratoire National de Los Alamos. Le physicien du Ghana D. A. Akyeampong (théorie des particules élémentaires) fut invité à l'Elysée lorsque le président François Mitterrand reçut les Prix Nobel, venus du monde entier. Le Malien Cheick Modibo Diarra, navigateur interplanétaire, a travaillé sur les missions Magellan (exploration de Vénus), Ulysse (exploration des pôles du Soleil), Galileo (exploration de Jupiter) et Mars Pathfinder (exploration de Mars).

Dans tous les domaines, les Africains travaillent et apportent leurs contributions : art, littérature, science, philosophie, religion, spiritualité, etc. L'africanisme colonial ou postcolonial, ancien ou moderne, déconstruit ou reconstruit, etc., a une peine immense à suivre ce qui se passe. Pour l'africanisme eurocentriste, l'Africain est toujours, et nécessairement, l'élément fossile et prélogique, an-historique, de l'évolution humaine. L'africanisme eurocentriste, tel que défendu par des hommes et des femmes comme Fauvelle-Aymar, Chrétien, Perrot, Lainé, Vernus, Midant-Reynes,Tourneux, Copans, Howe, Lefkowitz et B. Ortiz Montellano, n'est rien d'autre que du racisme. Les racistes français Fauvelle-Aymar, Chrétien, Perrot, Vernus, Copans, Midant-Reynes, Lainé, Tourneux, M. Etienne, S. Vincenot et L.

Samarbakhsh-Liberge sont par ailleurs très incompétents dans les domaines qu'ils s'illusionnent de maîtriser. C'est le cas typique de Pascal Vernus qui ne sait pas travailler en linguistique historique et comparée. Le travail de Pascal Vernus, ici en cause, est à noter "nul" en étant très généreux. Je l'ai suffisamment démontré. Qu'ils cessent donc de nous injurier, ces africanistes qui transpirent la médiocrité.

C'est ce racisme viscéral que nous combattons, pour le triomphe du respect mutuel, de la dignité humaine et de la coopération fructueuse. Nous devons avancer, et non ressasser, à longueur d'années, les vieux clichés de l'anthropologie coloniale, les images mentales des époques de la traite négrière pratiquée par toutes les philosophies, toutes les religions et toutes les nations européennes.

La vérité triomphera et, avec elle, ce sera la fin des arrières-mondes africanistes. L'homme faible ne reviendra plus, en plein midi, tel un zombie éprouvé.

Cheikh Anta Diop dans *Antériorité des civilisations nègres, mythe ou vérité historique ?* (Paris, Présence Africaine, 1re éd., 1967, p. 280, et 2e éd., 1993, p. 275) a explicité une fois pour toutes le sens du combat contre l'africanisme eurocentriste :

"Nous aspirons tous au triomphe de la notion d'espèce humaine dans les esprits et dans les consciences, de sorte que l'histoire particulière de telle ou telle race s'efface devant celle de l'homme tout court. On n'aura plus alors qu'à décrire, en termes généraux qui ne tiendront plus compte des singularités accidentelles devenues sans intérêt, les étapes significatives de la conquête de la civilisation par l'homme, par l'espèce humaine tout entière".

Bibliographie

Ani, Marimba, *Let the Circle be unbroken : The Implications of African Spirituality in the Diaspora*, New York, Nkonimfo Publications, 1980, 1997, 60 p.

Asante, Molefi Kete, *Scream of Blood : Desettlerism in Southern Africa*, Princeton, Sungai Books, 1998, 89 p.

Asante, Molefi Kete, *The Afrocentric Idea*, Philadelphie, Temple University Press, 1987.

Asante, Molefi Kete, *Kemet, Afrocentricity and Knowledge*, Trenton, Africa World Press, 1990.

Asante, Molefi Kete, *European racism regarding Ancient Egypt*, dans l'ouvrage collectif édité par Theodore Celenko, Indianapolis Museum of Art, Indiana University Press, 1996, pp. 116-117.

Asante, Molefi Kete, *The Painful Demise of Eurocentrism : An Afrocentric Response to Critics* ("La mort douloureuse de l'Eurocentrisme : Une Réponse "Afrocentric" aux Critiques), Trenton, Africa World Press, 1999, XVII-128 p.

Babelon, Ernest, *Tête de nègre de la Collection Janze au Cabinet des Médailles*, in "Gazette Archéologique", IX, 1884, pp. 204 - 207.

Baker, Lee D., *From Savage to Negro. Anthropology and the Construction of Race, 1896 - 1954*, Berkeley, University of California Press, 1998, XII, 325 p.

Baker, Lee D., *For Whom the Bell Curve Tolls : Power, Money and Multiculturalism*, in "Identities", I, 1995, pp. 443 - 445.

Beardsley, Grace Hadley, *The Negro in Greek and Roman Civilization. A Study of the Ethiopian Type*, Baltimore, The Johns Hopkins Press, 1929, XII - 145 p., 25 fig.

Bernal, Ignacio, *The Olmec World*, trad. par Doris Heyden et Fernando Horcasitas, Berkeley, University of California Press, 1969, 1976, VIII - 273 p., 43 fig., 103 pl.

Blanchard, Louis, *Le Trésor d'Auriole et les dieux nègres de la Grèce*, Marseille, 1870. La numismatique confirme la présence de dieux et rois nègres dans la Grèce ancienne : les faits de cette nature sont sûrs à 100 %. Voilà pourquoi ils ne sont jamais évoqués par les africanistes eurocentristes.

Blaut, James Morris, *The Colonizer's model of the world. Geographical diffusionism and Eurocentric history*, New-York et Londres, The Guilford Press, 1993, VIII - 246 p. L'Europe, éternellement, est l'Intérieur. La Non-Europe est l'Extérieur, la Périphérie. Une idéologie eurocentrique diffusionniste croit qu'en dehors de l'Europe, ce sont les ténèbres. La colonisation signifie, dès lors, mission civilisatrice, et non destruction culturelle. Les africanistes sont foncièrement racistes, même malgré eux, ne mettant jamais en cause, sérieusement, leurs réflexes eurocentristes.

Carruthers, Jacob H., *Intellectual Warfare*, Chicago, Third World Press, 1999, XV - 316 p. La guerre est contre l'eurocentrisme et le multiculturalisme néo-hégélien, pour libérer la créativité africaine. J. H. Carruthers est politologue et égyptologue Africain Américain, professeur à Northeastern Illinois University.

Coe, Michael D., *Breaking the Maya Code*, Londres, Thames & Hudson, 1992, 1993, 1995, 304 p., 112 illustr. Sur le déchiffrement de l'écriture maya.

Delgado, Richard et Stefancic, Jean, édit. , *Critical White Studies. Looking behind the mirror*, Philadelphie, Temple University Press, 1997, XVIII - 680 p. De nombreux auteurs, une centaine, mettent à plat les études faites par des Blancs sur les autres "races" : c'est pour la première fois que la blancheur ou la blanchitude est suspectée, critiquée, en ses principes méthodologiques et valeurs épistémologiques. C'est très courageux, intellectuellement et moralement.

Diop, Cheikh Anta, *Nations nègres et Culture. De l'Antiquité nègre égyptienne aux problèmes culturels de l'Afrique noire d'aujourd'hui*, Paris, Présence Africaine, 1954, 1964, 1979.

Diop, Cheikh Anta, *Parenté génétique de l'égytien pharaonique et des langues négro-africaines*, Dakar, IFAN-NEA, 1977.

Diop, Cheikh Anta, *Quand pourra-t-on parler d'une Renaissance africaine ?* in "Le Musée Vivant", N° Spécial, novembre 1948, pp. 57 - 65, illustr.

Du Bois, W. E. B., *The Suppression of the African Slave-trade to the United States of America, 1638 - 1870*, New York Dover Publications, 1970 ; 1ère édit. Harvard University Press, 1896, XV - 335 p. Né aux U.S.A. en 1868, Du Bois est mort au Ghana en 1963. L'idée d'une "Encyclopédie Africaine" est de lui.

Duby, Georges et Mandrou, Robert, *Histoire de la civilisation française. Moyen-Age* - XVIe siècle, Paris, Armand Colin, 1958, 360 p., illustr. Ce livre aura rempli "son rôle" s'il permet à ses lecteurs "de mieux saisir, fixés par dix siècles d'histoire, les traits originaux de la France d'aujourd'hui, cette "personne". (Avant-Propos, p. 5). La distance historique évaluée, est pour ainsi dire abolie : la France vit comme une personne, campée en ses traits originaux, vieux de plusieurs siècles. Les africanistes, peu cultivés, ergotent sur la distance historique, sans trop rien comprendre.

Fauvelle, François-Xavier, *L'Afrique de Cheikh Anta Diop*, Paris, Karthala, 1996. Le texte le plus minable sur l'œuvre de Cheikh Anta Diop. L'auteur prétend dévoiler le non dit dans les ouvrages de C.-A. Diop. De l'escroquerie intellectuelle, que cela.

Fauvelle - Aymar, F.-X., Chrétien, J.-P. et Perrot, C.-H., édit. *Afrocentrismes. L'histoire des Africains entre Egypte et Amérique*. Paris, Khartala, 2000, 402 p. On compte 19 auteurs. Collection "Hommes et sociétés" dirigée par Jean Copans. Ce livre est construit sur le préjugé racial et culturel, de bout en bout.

Foner, Ph. S. et Braham, R. J., édit., *Lift every Voice. African American Oratory, 1787 - 1900*, The University of Alabama Press, 1998, XV- 925 p. La "question" de l'Egypte africaine et nègre est amplement abordée par William Hamilton en son discours du 2 janvier 1815, à New York (pp. 91 - 97).

Howe, Stephen, *Afrocentrism. Mythical pasts and imagined homes*, Londres et New York, Verso, 1998, X - 337 p. Pédant et vide, cet auteur est d'un racisme outrancier.

Hume, David, Essays. Moral, *Political, and Literary*, édit. par E. F. Miller, Indianapolis, Liberty Fund, 1985, 1987 ; édition originale, 1777.

Note 10 de l'Essai XXI : "I am apt to suspect the negroes to be naturally inferior to the white. There scarcely ever was a civilized nation of that complexion, nor even any individual eminent either in action or speculation. No ingenious manufactures amongst them, no arts, no science". (p. 208). Certificat philosophique de l'infériorité naturelle, congénitale, du Nègre, de l'Africain. Voilà les sources intellectuelles de l'africanisme, ancien et nouveau. Hegel recopiera Hume, textuellement. Fauvelle-Aymar, Chrétien et Mme Perrot n'ont pas pris leur distance historique vis-à-vis des préjugés racistes de David Hume (1711 - 1776) ou de Fr. Hegel (1770 - 1831) ou encore de Lévy-Bruhl (1857 - 1939), de Franz Boas (1858 - 1942), tous acquis à la mentalité primitive du Non-Européen.

James, George G. M., *Stolen Legacy. The Greeks were not the authors of Greek Philosophy, but the people of North Africa, commonly called the Egyptians*, introduction et notes bibliographiques par Asa G. Hilliard, San Francisco, Julian Richardson, 1988, 1ère édit., New York, Philosophical Library, 1954, IX - 190 p. James né à Georgetown, capitale de l'Ile Cayman, West Indies, à l'ouest de la Jamaïque (ancienne Guyanne britannique), fut professeur de mathématiques, latin, grec et philosophie.

James, Robert Rhodes, édit., *Winston S. Churchill. His Complete Speeches 1897 - 1963*, vol. VII, 1943 - 1949, New York et Londres, Chelsea House Publishers, 1974, XIII - 7902 p.

La littérature grecque et romaine (gréco-romaine) a été une force unificatrice en Europe, de même que la connaissance historique de l'ancien monde (les antiquités gréco-latines devenues "classiques") : où est la distance ou la neutralité historique ? Cette observation, juste, de Churchill, se trouve à la page 7745.

Karageorghis, Vassos, *Blacks in Ancient Cypriot Art, Houston*, Menil Foundation, 1988, 62 p., nombre. illustr. L'île de Chypre, dans la Méditerranée orientale, fut un véritable carrefour commercial et une plaque tournante cosmopolite, dès l'âge du Bronze. La représentation du Noir Africain dans l'art chypriote date d'environ 1900 - 1800 av. notre ère.

Kelley, Donald R., *Versions of History from Antiquity to the Enlightenment*, New Haven, Yale University Press, 1991 : ouvrage très bien documenté, avec traduction de textes originaux.

Lambropoulou, A., *Erechtheus, Boutes, Itys and Xouthos : Notes on Egyptian presence in early Athens*, in "The Ancient World", n° 18, 1988, pp. 77 - 86.

Lefkowitz, Mary, *Not out of Africa. How Afrocentrism became an excuse to teach myth as history*, New York, Basic Books, 1996, 1997, XVIII - 297 p., 4 fig. Je pense que Mme Lefkowitz ne connaît pas assez bien le grec, lorsqu'elle écrit : "According to Diogenes Laertius, in the third century A. D. Plato went to Egypt to study with Egyptian seers". (Diogenes Laertius, III, 6). C'est faux. Le texte grec ne dit pas du tout ce qu'elle a écrit, pour tout juste accréditer sa thèse, le voyage légendaire d'études de Platon en Egypte, rapporté par des auteurs fort tardifs, tel Diogène de Laërce. Si elle a lu le texte grec, et écrire comme elle a écrit, c'est qu'elle n'a rien compris. Ou bien alors elle ment, sachant la teneur exacte du texte de Diogène de Laërce, qui se refère lui-même à un disciple contemporain de Platon (la préposition *katà*, avec accusative, dans le texte grec, est très importante). C'est la haine raciale de Mary Lefkowitz pour les Noirs qui la pousse à mentir à propos d'un texte grec qui n'offre pourtant aucune difficulté particulière.

Makgoba, Malegapuru William, *African Renaissance*. The New Struggle, Mafube (Cape Town), Tafelberg, 1999 : Actes de la Conférence de septembre 1998 sur la Renaissance Africaine. Texte du président Thabo Mbeki.

Mudimbe, Valentin Yves, *The Invention of Africa, Gnosis, Philosophy, and the Order of Knowledge*, Bloomington et Indianapolis, Indiana University Press, 1988, XII - 241 p. Ouvrage publié dans la collection "African Systems of Thought" de Charles S. Bird et Ivan Karp, deux auteurs très attachés à la mentalité primitive de Lucien Lévy-Bruhl ou de Franz Boas. Du Michel Foucault dans tout cela !

Mudimbe, Valentin Yves, *The Idea of Africa*, Bloomington et Indianapolis, Indiana University Press, 1994, XVII - 234 p., nomb. illustr. Collection : "*African Systems of Thought*". L'idée d'Afrique n'est peut-être qu'une proximité dans l'éloignement car l'Afrique n'est pas une accumulation de choses-objets (Hercules parmi les "Pygmées", cartes, peintures, vases grecs, imageries coloniales, tableaux mythiques modernes, etc.).

Poe, Richard, *Black Spark, White Fire. Did African Explorers Civilize Ancient Europe ?*, Prima Publishing, 1997, XXII - 554 p., 15 fig.

Potiekhine, I., *L'Afrique est-elle un continent arriéré ?*, in "La Nouvelle Critique", 7e année, juin 1955, n° 66, pp. 141 - 155. Nous lisons : "En cent ans, de 1680 à 1780, 2 500 000 esclaves environ furent amenés dans les colonies anglaises d'Amérique et des Indes Occidentales. Le nombre global s'élève à plusieurs dizaines de millions (...). Mais la traite des esclaves ce n'est pas seulement la déportation des esclaves. C'est aussi, pour les peuples africains, l'irruption d'innombrables maux et la dévastation (...). C'est au prix de l'anéantissement de millions d'êtres en Afrique que les puissances européennes ont accumulé leurs richesses" (p. 145 - 146). Et la dette auprès des institutions financières internationales ? Esclavage, colonisation et dette, d'un côté ; de l'autre, primitivisme, ethnographisme, africanisme, racisme. Comment sortir de cet enfermement fondamental ? Quelle logique ?

Preiswerk, Roy et Perrot, Dominique, *Ethnocentrism and History. Africa, Asia and Indian America in Western Textbooks*, New York, Nok Publishers International, 1978, XXIV - 324 p.

Pritchard, Earl H., *Traditional Chinese Historiography and local histories*, pp. 187-219 de l'ouvrage collectif *The Uses of History. Essays* in intellectual and social history, édité par Hayden V. White, Detroit, Wayne State University Press, 1968.

Saïd, Edward W., *Orientalism*, New York, Vintage Books, 1978, 1979, 1994, XI - 394 p. L' "orientalisme" est un phénomène à la fois culturel et politique dont les effets ont longtemps enchaîné les relations humaines et les pensées entre l' "Ouest" et l' "Est", l' "Occident" et l' "Orient". La libération est à l'ordre du jour. C'est la même chose pour l'africanisme, aujourd'hui entrain de s'effondrer.

Sall, Babacar, *Racines éthiopiennes de l'Egypte ancienne*, Paris, L'Harmattan et Khepera, Gif-sur-Yvette, 1999, 452 p., nombr. illustr. Béatrix Midant-Reynes aurait pu améliorer sa dissertation sur l'Egypte prédynastique "terre de métissages" en consultant le magistral ouvrage de Sall : "L'ancrage des cultures prédynastiques d'Egypte dans une culture pan-africaine à partir de laquelle elle a acquis sa spécificité reste à notre avis la seule perspective valable" (p. 398).

Schele, Linda et Mathews, Peter, *The Code of Kings. The language of seven sacred Maya temples and tombs*, New York, Touchstone Book, 1998, 1999, 432 p., nombr. illustr. Ouvrage de première importance, d'une précision scientifique enviable.

Schoch, Robert M., *Voices of the Rocks. A Scientist looks at catastrophes and ancient civilizations*, New York, Harmony Books, 1999, XI - 258 p., VIII pl. hors-texte. Le Sphinx d'Egypte, unique structure de ce genre dans le monde, est peut-être beaucoup plus ancien qu'on ne le pense habituellement en égyptologie.

Shein, Louis J., édit., *Readings in Russian Philosophical Thought. Philosophy of History*, Waterloo, Ontario, Wilfrid Laurier University Press, 1977, 254 p. La Haye, 1968, 1973 : éditions antérieures. Couvre le XIXe siècle et la 1ère décade du XXe siècle. Processus historique, histoire culturelle, progrès, but de l'histoire, etc.

Southard, Robert, *Droysen and the Prussian School of History*, The University Press of Kentucky, 1995, VIII - 247 p. J. G. Droysen (1808 - 1886), H. von Sybel (1817 - 1895), H. von Treitschke (1834 - 1896) et tant d'autres (Dunker, Haym, etc.).

Tedlock, Dennis, *Popol Vuh. The Mayan Book of the Dawn of Life*, New York Touchstone Book, 1985, 1996, 388 p., nombr. illustr. Extraordinaire document de l'imagination humaine à propos de la genèse de l'univers, du monde, d'après les Maya Quiché.

Rodinson, Maxime, *Racisme et civilisation* in "La Nouvelle Critique", n° 66, 7e année, juin 1955, pp. 120 - 140. On lit (p. 122) : "Le métropolitain, lui, est soumis dès l'enfance à un conditionnement colonialiste et raciste dont tout se fait le véhicule : propagande directe et avouée (...), livres pour enfants, adolescents, grandes personnes (...), des cours de géographie pour enfants de six ans aux manuels de Sorbonne, articles, chroniques, dessins de journaux, émissions radiophoniques, films "documentaires" et autres".

Roys, Ralph L., *The Book of Chilam Balam of Chumayel*, Norman, University of Oklahoma Press, 1967, XVI - 229 p. Ouvrage capital.

X, Malcolm, *On Afro-American History*, New York, Pathfinder, 1967, 1970, 1990, 1997, 92 p., illustr. Conscience historique africaine et construction du futur africain.

Table des Matières

Au lecteur 7

I. - Les objets africanistes.
Leur insignifiance 9

F. - X. Fauvelle-Aymar
J. - P. Chrétien
C. - H. Perrot
J. Copans

II. - La psychologie et la faiblesse scientifique
du nouvel africanisme eurocentriste 13

F. - X. Fauvelle-Aymar
P. Cartledge
C. Walker
H. Tourneux
A. Lainé

III. - L'Egypte pharaonique : africaine et nègre,
peur bleue des africanistes 23

W. van Binsbergen
B. Midant-Reynes
P. Vernus
M. Etienne

IV. - Comment les africanistes eurocentristes
caricaturent le travail des Africains 49

M. Lefkowitz
B. Ortiz de Montellano
J. - P. Chrétien
S. Howe

V. - Les africanistes eurocentristes contre la conscience africaine et la Renaissance africaine 67

V. Morabito
P. Schirripa
C. Douxami
S. Vincenot
L. Samarbakhsh-Liberge et la bande parisienne de J. Copans

VI. - Comment les africanistes s'attachent à des futilités par manque d'arguments. Charabia africaniste 71

F. - X. Fauvelle-Aymar
J. - P. Chrétien
C. - H. Perrot

VII. - Les africanistes croient que l'historiographie occidentale date du XIXe siècle. Longue tradition de cette historiographie 82

De Procope à Condorcet
Il n'y a pas d'histoire a-topologique
Les enjeux de mémoire sont aussi vieux que le monde

VIII.- Le bavardage comme mode d'être philosophique du discours africaniste 88

F. - X. Fauvelle-Aymar
J. - P. Chrétien
C. - H. Perrot
H. Tourneux
A. Lainé
B. Midant-Reynes
P. Vernus
M. Etienne

IX. - Que les africanistes méditent sur le cas de Churchill et leur propre Europe 99

Churchill très attaché à la langue et à la production littéraire anglaises
Churchill défend l'idée de "Renaissance européenne"
Churchill milite pour la grandeur de l'Europe dans le monde
Churchill invite le génie de la France à la construction européenne

Conclusion 107

Bibliographie 113

Table des matières 121

Du même auteur

A. - ARTICLES

. *Egyptien ancien et négro-africain*, in "Cahiers Ferdinand de Saussure" (Genève), n° 27, 1971 - 1972, pp. 65 - 92.

. *Formation du pluriel en sémitique et en égyptien*, in "Cahiers Congolais d'Anthropologie et d'Histoire", n° 5, 1980, pp. 31 - 38.

. *Parenté linguistique génétique entre l'égyptien (ancien égyptien et copte) et les langues négro-africaines modernes, dans l'ouvrage collectif Le peuplement de l'Egypte ancienne et le déchiffrement de l'écriture méroïtique*, Paris, UNESCO, 1978, pp. 65 - 71. Actes de colloque international du Caire, 28 janvier - 3 février 1974.

. *Le "chamito-sémitique" n'existe pas*, in "ANKH. Revue d'Egyptologie et des Civilisations Africaines" (Paris), n° 1, 1992, pp. 51 - 58.

B. - OUVRAGES

. *L'Afrique dans l'Antiquité. Egypte ancienne-Afrique noire*, Paris, Présence Africaine, 1973, préface de Cheikh Anta Diop, planches hors-texte.

. *Littérature traditionnelle des Mbochi. Etsee le Yamba*, Paris, Présence Africaine, 1984.

. *Les Bantu. Langues-Peuples-Civilisations*, Paris, Présence Africaine, 1985.

. *La Philosophie africaine de la période pharaonique 2700 - 330 av. notre ère*, Paris, L'Harmattan, 1990, préface de Tshiamalenga Ntumba, planches hors-texte.

. *Origine commune de l'égyptien ancien, du copte et des langues négro-africaines modernes. Introduction à la linguistique historique africaine*, Paris, L'Harmattan, 1993.

. *La géométrie égyptienne. Contribution de l'Afrique antique à la mathématique mondiale*, Paris, L'Harmattan / Khepera, 1995, nombr. fig. et illustr.

. *Cheikh Anta Diop, Volney et le Sphinx. Contribution de Cheikh Anta Diop à l'historiographie mondiale*, Paris, Présence Africaine / Khepera, 1996, illustr.

Collection Études Africaines

Dernières parutions

Pierre DANHO NANDJUI, *La connaissance du Parlement ivoirien*, 2000.
Arsène OUEGUI GOBA, *Côte d'Ivoire : quelle issue pour la transition ?*, 2000.
Mahamoudou OUÉDRAOGO, *Culture et développement en Afrique : le temps du repositionnement*, 2000.
Mourtala MBOUP, *Les Sénégalais d'Italie, Emigrés, agents du changement social*, 2000.
Jean-Baptiste Martin AMVOUNA ATEMENGUE, *Sortir le Cameroun de l'impasse*, 2000.
Emmanuel GERMAIN, *La Centrafrique et Bokassa (1965-1979)*, 2000.
Marcel GUITOUKOULOU, *Crise congolaise : quelles solutions ?*, 2000.
Cheikh Yérim SECK, *Afrique : le spectre de l'échec*, 2000.
Félix YANDIA,*La métallurgie traditionnelle du fer en Afrique centrale*, 2001.

Collection Études Africaines

Déjà parus

Yao ASSOGBA, *Jean-Marc Ela, Le Sociologue et théologien africain en boubou.*
Oméga BAYONNE, Jean-Claude MAKIMOUNAT-NGOUALA, *Congo-Brazzaville : diagnostic et stratégies pour la création de valeur.*
Albert LE ROUVREUR, *Une oasis au Niger.*
Samuel EBOUA, *Interrogations sur l'Afrique noire.*
Constant VANDEN BERGHEN et Adrien MANGA, *Une introduction à un voyage en Casamance.*
Jean-Pierre YETNA, *Langues, média, communautés rurales au Cameroun.*
Pierre Flambeau N'GAYAP, *L'opposition au Cameroun.*
Myriam ROGER-PETITJEAN, *Soins et nutrition des enfants en milieu urbain africain.*
Pierre ERNY, *Ecoliers d'hier en Afrique Centrale.*
Françoise PUGET, *Femmes peules du Burkina Faso.*
Philippe BOCQUIER et Tiéman DIARRA (Sous la direction de), *Population et société au Mali.*
Abdou LATIF COULIBALY, *Le Sénégal à l'épreuve de la démocratie*, 1999.
Joachim OELSNER, *Le tour du Cameroun,* 1999.
Jean-Baptiste N. WAGO, *L'économie centrafricaine*, 1999.
Aude MEUNIER, *Le système de soins au Burkina Faso*, 1999.
Joachim OELSNER, *Le tour du Cameroun,* 2000.
B. Alfred NGANDO, *L'affaire Titus Edzoa*, 2000.
J.-M. ESSOMBA , M. ELOUGA, *L'Art Tikar au Cameroun,* 2000.
Mahamadou SY, *L'Enfer d'Inal,* 2000.

646152 - Mars 2016
Achevé d'imprimer par